मुझे देना और प्रेम

तसलीमा नसरीन

मूल बांग्ला से अनुवाद

प्रयाग शुक्ल

वाणी प्रकाशन

वाणी प्रकाशन
4695, 21-ए, दरियागंज, नयी दिल्ली 110 002
फ़ोन : +91 11 23273167 फ़ैक्स : +91 11 23275710
शाखाएँ
अशोक राजपथ, पटना 800 004, बिहार
कॉफ़ी हाउस कैम्पस, महात्मा गांधी मार्ग, इलाहाबाद 211 001, उत्तर प्रदेश
महात्मा गांधी अन्तरराष्ट्रीय हिन्दी विश्वविद्यालय, वर्धा 442 001, महाराष्ट्र
सुल्तानिया रोड, मोतिया पार्क, भोपाल 462 001, मध्य प्रदेश
www.vaniprakashan.com
marketing@vaniprakashan.in
sales@vaniprakashan.in

MUJHE DENA AUR PREM
by Taslima Nasreen
Translated from Bangla by Prayag Shukl

ISBN : 978-93-5072-221-3
Poetry

प्रथम संस्करण 2012
द्वितीय संस्करण 2020

मूल्य : ₹ 300

सिटी प्रेस, दिल्ली-110 095 में मुद्रित

वाणी प्रकाशन का लोगो मक़बूल फ़िदा हुसेन की कूची से

मुझे देना और प्रेम

कविता संकलन

अनुक्रम

मुझे देना और प्रेम

अनुवादक का कथन

तसलीमा नसरीन की कविताओं की रेंज बहुत बड़ी है : इनके घेरे में निर्वासन, घुमक्कड़ी, प्रेम, बिछोह, और 'उच्चतर' मानवीय सम्बन्धों की दुनिया है। नारीवादी स्वर भी हैं। पर कुल मिलाकर तसलीमा की कविताओं में गहरी ऐन्द्रीयता है। प्रकृति की बहुविध छवियाँ हैं। बांग्लादेश और बंगाल जिन नदी, सरोवरों, पोखरों, पाखियों, पुष्पों, वृक्षों के लिए भी ख्यात हैं, उनके प्रसंग से भी वह बहुत कुछ कहती हैं। अपनी मातृभाषा बांग्ला में ही वह लिखती हैं, और उसका अत्यन्त सभ्य सरल इस्तेमाल करती हुई जीवन के अनेक मर्मों की ओर ले जाती हैं। कविताओं में विचार-दर्शन की गहराई भी है। आध्यात्मिक प्रतीतियाँ हैं। और जीवन जीने में साधारणतः जो कठिनाइयाँ, बाधाएँ और सामाजिक वर्जनाएँ आड़े आती हैं, उनका प्रत्याख्यान भी है। कई बार, उचित ही वक्र भंगिमाओं के साथ। तसलीमा की कविताओं की एक बड़ी खूबी यह भी है कि वे एक गीतिमयता के सहारे भी चलती हैं, और शब्द-युग्म और शब्द-समूह से पैदा होने वाले संगीत पर भी उनकी नज़र अचूक है।

उनके यहाँ सम्बोधन के बहुविध रूप हैं। माँ को, सखी को, मित्र को, प्रेमी को, किसी लड़की को, युवक या बुजुर्ग को सम्बोधित कई कविताएँ हैं। आत्मालाप, सन्ताप और संवाद वाली कविताएँ भी हैं। बिना भावुक हुए जीवन के सुख-दुःख और उनके मर्म कैसे ग्रहण किए, और दूसरों तक संचरित किए जा सकते हैं, यह भी वे अच्छी तरह जानती हैं।

उनकी कविताओं का अनुवाद करते हुए उन्हें मैंने एक ऐसी बड़ी और महत्त्वपूर्ण कवयित्री के रूप में पहचाना है जो जीवन-समाज-जगत को खुली आँखों से देखती है, जो निरभिमानी होकर विचरण करती है, और जो मनुष्य मात्र को, और जीव-जन्तुओं को भी, उनकी सहज और प्रकृत दुनिया में जीवन का आनन्द उठाते हुए देखना चाहती है। तसलीमा शोषक और अत्याचारी शक्तियों का प्रतिरोध करती हुई मुखर हैं, पर, इस मुखरता में भी शब्द-स्फीति नहीं है। इसीलिए वे हमेशा मर्म पर चोट करती हैं।

उनकी कविताओं का शिल्प (या कहें वास्तुशिल्प) न्यारा है। उनकी भाषिक संरचना अत्यधिक 'सुगठित' है, प्रीतिकर और प्रभावी है। बाङ्ला से हिन्दी में इन कविताओं के रूपातरण में मैंने भरसक यही कोशिश की है कि उनका मूल स्वर और मूल संवेदना बरकरार रहे। और कविताओं की भाव-स्थितियाँ भी अक्षत रहें। उम्मीद करता हूँ कि हिन्दी पाठकों को ये कविताएँ और उनके रूपान्तर प्रिय होंगे और उनकी कविताएँ हिन्दी में उसी तरह समादृत होंगी जैसे कि बाङ्ला में वे हैं। तसलीमा को हिन्दी संसार

अब तक उनकी कथाकृतियों, आत्मकथाओं और नारीवादी विमर्श के लिए ही अधिक जानता-मानता रहा है। पर, उनका कवि-रूप 'असाधारण' है, यह प्रतीति कराने में यदि यह संकलन सफल रहा तो मैं अपना श्रम सार्थक समझूँगा।

मैं तसलीमा नसरीन का आभारी हूँ कि कविताओं के चयन में उनका सहयोग मिला और परामर्श के लिए भी वह, सुलभ रहीं। उनकी भी इच्छा थी कि मैं इन कविताओं का अनुवाद करूँ। वाणी प्रकाशन के संचालक अरुण माहेश्वरी की पहल पर यह अनुवाद कार्य मैंने स्वीकार किया, और कह सकता हूँ कि अनुवाद करने जाकर मैंने पाया कि मैं महीनों उसमें पूरी तरह डूब गया हूँ। सो, उनकी 'पहल' के प्रति भी आभार, अन्यथा मैं तसलीमा के काव्य-संसार से इस प्रकार से तो परिचित नहीं हो पाता। और मानो एक बड़ी काव्य-संपदा से कुछ वंचित ही रहता!

10 फरवरी, 2012 **–प्रयाग शुक्ल**
नयी दिल्ली

मुझे देना और प्रेम

ईंट तोड़ने वाली लड़की

रास्ते के किनारे बैठ लड़की एक तोड़ती ईंट
लाल साड़ी पहने लड़की तोड़ती ईंट
धूप में तपती लड़की तोड़ती ईंट
ताँबे के रंग वाली लड़की तोड़ती ईंट
उम्र है इक्कीस की, लगती है
चालीस से ज्यादा।
घर में एक नहीं दो नहीं, हैं सन्तानें सात।
सारा दिन तोड़ती जाती ईंट लड़की।
दिन भर के बाद देगा महाजन
गिन कर रुपये दस।

दस रुपये से नहीं चलता उसका काम
नहीं जुटता सात पोषितों का भरपेट खाना।
लड़की फिर भी तोड़ती जाती ईंट रोज।

पास बैठा जो पुरुष तोड़ता ईंट,
वह तोड़ता है एक छतरी तले बैठा,
दिन बीतने पर उस पुरुष को मिलते रुपये बीस
पुरुष होने से भी मिलता उसे दोगुना।

लड़की की है गोपन इच्छा एक, बैठे वह भी
धूप में नीचे छतरी के
उसकी है इच्छा एक और भी गोपन
हठात बन जाय वह पुरुष किसी भोर वेला में
पुरुष होने पर बीस, पुरुष होने पर दोगुना।

करती अपेक्षा वह, किन्तु कहाँ हो पाती
किसी छूमन्तर से पुरुष वह
एक मलिन छतरी भी जुटती नहीं भाग्य में उसके।
लड़की की तोड़ी हुई ईंट से बनता नया रास्ता,

उठती इमारतें बड़ी-बड़ी शहर में।
इधर उड़ गया है छप्पर लड़की के घर का,
अन्धड़ में पिछले साल हुए उसमें कई छेद,
उस पर जो टाट जड़ा छू दें यदि उसको तो
झर-झर झरने लगता जल।
चाहती है खरीदना वह पाउडर का डिब्बा एक,
रखती नहीं गोपन इसे
जोर से सुनाकर कहती है वह खरीदेगी पाउडर,
सुनकर हँसते लोग, कहते अहा! चाहिए उसको
केशों में तेल, पाउडर मुख में।
सात पोषितों के घर, तपती लड़की
धूप में, होती रहती तांबई
दिन-दिन अँगुलियाँ उसकी होती जातीं
ईंटों की तरह सख़्त।
लड़की खुद भी होती रहती है ईंट
होते होते होती वह ईंट से अधिक मजबूत,
हथौड़ी से टूटती है ईंट,
लड़की टूटती नहीं।
धूप में तपती, खाली मन खाली पेट रहना,
पाउडर न मिलना—कष्ट ये
सब करते नहीं अब उसे स्पर्श!

निमग्न

जितनी दूर जाना हो, जाओ
पीछे-पीछे फैलाए हाथ भिक्षा का
खड़ी ही मिलूँगी हमेशा,
दोगे कुछ कंकड़ पत्थर मिले दाने
खा लूँगी।

करोगे घृणा तो भी आपत्ति नहीं
घृणा भी तो होगी तुम्हारी ही दी हुई—
ले लूँगी हाथ बढ़ा
तुमने छू लिया अस्पृश्य को तो ईश्वर
मानूँ कि नहीं।

ऐसी गहन रात में

तृष्णा की इनसोमनिया में जागे हुए हो तुम
जाने कब से अकेले
मेरा मार्फिया लो,
सोओ, प्रिय, सोओ

कम्पन-9

आँचल में गाँठ दे बाँधा तुम्हें पल दिन
फिर भी हूँ रोई दिन-दिन तुम बिन।

अन्ना कैरेनिना

हर नारी में रहती एक अन्ना कैरेनिना,
पता नहीं नारी यह जानती कि ना,
शायद ना।

शून्यता

क्या हो रहा है? कुछ हो रहा है क्या? हो क्या रहा है,
क्या मालूम?
क्या कुछ होगा? और क्या होगा? क्या तो हो सकता है?
हो तो भी। होगा क्या? क्या कुछ? कुछ पता नहीं!
कुछ भी नहीं हो रहा।
कुछ भी नहीं होगा।

वह पाखी

तुम्हारा हृदय हो गया है जमकर पत्थर
पत्थर मुझे दो, करूँ स्पर्श,
उसे गलने दो।
उड़ने दो प्रेम नाम के पाखी को अपने पिंजरे से,
नहीं तो जाएगा वह मर!

खिंचाव

जितना ही लेते खींच पास आ अपने पाँव
आँगन तक आकर लौट जाते उल्टे पाँव
जितना ही छिपाते हो कौशल से अपना प्रेम
उतना ही खिंचती चली जाती मैं तुम्हारी ओर।

देश कहूँ जिसे अब

देश अब एक श्मशान है मेरे लिए
श्मशान में रोज रात रोता है कुत्ता एक
और एक ओर पड़े रहते नशाग्रस्त चिता जलाने
वाले लोग कुछ।
देश अब नहीं है मेरे लिए एक हरा खेत,
स्रोतस्विनी नदी नहीं, धूप में चमकता सरोवर नहीं,
घास नहीं, घास फूल नहीं

देश था माँ की साड़ी का आँचल
जिससे पोंछ पसीना, आँखों का जल
पोंछ खड़ी रहती थी माँ दरवाजे पर।
देश था माँ की काली आँखें गम्भीर
जो आँखें पंख जोड़ उड़ जातीं धूप में, रात में,
खोजती मुझे जहाँ भी होती मैं डूबती
उतराती लगती किनारे—

देश था माँ के बिखरे बालों को सहलाना
दुःख में, लज्जा में, उनके आँचल को पाना

देश था माँ के हाथों सरसों के तेल में
सीझी हुई मूड़ी में
मेघाच्छन्न दिनों में ईलिश भजा, भुनी हुई
खिचड़ी में,
देश था माँ के हाथों की छह जोड़ा रंगीन चूड़ी में
देश था घर के आँगन में माँ-माँ पुकारने के आनन्द में।
ठंड में आ के काँच में गुड़ी-मुड़ी होकर
सोने में
भोर में हरसिंगार—छाया में मैदान में
बैठकर, कुछ चनाचूर, मीठा, खाने में

अन्धकार में,
दूर,
निःशब्द मिट्टी खोद
देश को दबाकर
जाने कौन भाग गये,
देश कहूँ जिसे अब वैसा कुछ भी नहीं मेरा,
साँय साँय करता श्मशान सामने, कुत्ता एक,
और नशाग्रस्त कुछ एक लोग।

अभिमान

जितना निकट आ मैं सकी हूँ, जान लो
उससे भी अधिक दूर जाना भी मैं जानती।
प्रेम को लिया है मैंने जितना लपककर
उससे भी अधिक जानती पी जाना घूँट
प्रेमहीनता का।
जन्म का पाथेय, लेकर मैं प्रतिभा का पाप,
चलती हूँ नित्य नियत पत्थर को हटाकर।
अतल में डूबते-डूबते उतराती,
और कौन है मेरा छोड़ मुझ अकेली को!

जल पद्म-1

घर में भी जल थोड़ा, पास में सरोवर,
हो जितनी तृष्णा तुम ले लेना जल,
तृष्णा यदि मिटे नहीं, ले लेना नदी भी।
बचे नहीं जल जब तब आना
छाती में रोता लहराता समुद्र एक मेरा अकेला।

इस तरह पहले नहीं किया किसी ने मुझे घनघोर प्रेम

यह क्या हो रहा है मेरे साथ
मानो तुम्हें छोड़कर कोई मनुष्य नहीं, कवि नहीं, कोई पुरुष
नहीं, कोई
प्रेमिक नहीं, कोई हृदय नहीं।
लग रहा है कि खूब डूबी हुई हूँ कामकाज में घर-संसार के।
खूब मन हो रहा है लिखने-पढ़ने का?
खूब इच्छा हो रही है हजार अधूरे पड़े हुए कामों की
ओर ताकने की?
सभा समितियों में जाने की?
वह सब तो हुआ बहुत, इस बार कुछ और ही हो
किसी और ही चीज़ में डूबे अब मन,
अन्य किसी अमल आनन्द में।
असल में तो मन को ही लेकर झमेला है सब,

मन किसी एक जगह पड़ा रहे तो पड़ा ही रहता है।
मन को वसन्त के रंग की तरह और कहीं छिटका दूँगी
वह तो होगा नहीं,
सभी से सब कुछ तो होता नहीं, मुझसे जो होता नहीं,
होता नहीं।
तुमने उठाया कल रात, सुनाया प्रेम-राग,
मन को लगा, रही हूँ स्वप्न देख,
स्वप्न ही तो, एक तरह का स्वप्न ही तो है,
मुझसे की नहीं पहले किसी ने इस तरह बातें प्रेम की,
सोती हुई लड़की को इस तरह उठाकर किसी ने
लिया नहीं चुम्बन,
किसी ने मुझको सुनाए नहीं पहले इतने विस्मयकर
सुन्दर शब्द-गुच्छ,
नहीं दिया किसी ने इतना प्रेम
इतना घनघोर प्रेम किया नहीं किसी ने।
कैसे बने इतने प्रेमिक तुम?
कैसे हुए प्रेमिक इतने बड़े? कैसे जानते हो
इतना प्रेम? सिखाया किसने?
पाने को जिस तरह का प्रेम, देखा है स्वप्न जीवन भर,
मिला नहीं,
और अब इस शेष वय में, जब इस शरीर को
खाए ले रहे हैं रोग के कीड़े सौ-सौ,
जब मर जाऊँगी, मरी जा रही हूँ—तब यदि

थोक में भर दे प्रेम घर को,
मन भर दे, तब सब कुछ लगेगा स्वप्न ही तो,
स्वप्न ही तो है,
तुम लगते नहीं कई बार रक्त-माँस के मनुष्य,
जैसे झंझा में उड़कर हृदय के आँगन में
बहु प्रत्याशित बहु काल का देखा हुआ स्वप्न,
हठात हो गया हो आकर खड़ा।
पहले कभी नहीं लगा मुझे कि अचानक जाग कर नींद से
उठ पड़ना खूब अच्छा लगता है मुझे
पहले कभी लगा नहीं कि अचानक मुझे शब्द
कुछ ताप भरे, उठाकर बैठा दे सकते हैं पहाड़
की चोटी पर।
पहले कभी जाना नहीं कि कुछ मोहन शब्दों के
शरीर को चूम चूमकर मैं बदल सकती हूँ
रात को भोर में।

कम्पन-21

उलट-पुलट तहस-नहस करके, मधुमाखी!
मधु लिया तुमने शरीर का।
कर दो निःशेष, उसे लेकर जो शेष अभी,
जिससे मैं बचूँ, रहे कुछ भी न बाकी।

जल नहीं

मेरे रोने पर अब रोता नहीं ब्रह्मपुत्र
सारा दिन ब्रह्मपुत्र उभरी हुई माटी के तकियों पर
सिर रखकर सोता, बस सोता।
इतनी नींद उसकी कि वर्ष पर वर्ष बीत जाते हैं
आँखों की पलक नहीं खोलता
अब मेरे रोने पर भी रोता नहीं ब्रह्मपुत्र

पहले जब जल भर आता था आँखों में मेरी
होता था उसकी भी आँखों में जल
पहले यदि छाती मेरी करती थी चीत्कार
तट पर आ ब्रह्मपुत्र खाता था पहाड़।
पहले जब आँखों में नींद नहीं होती थी मेरी
ब्रह्मपुत्र झुलाता था पंखा, रहता था बैठा पास
सारी रात जागता।
अब नहीं देखता किसी की भी ओर ब्रह्मपुत्र
मन में किसी के हो आनन्द तो इससे क्या

आता जाता ब्रह्मपुत्र का।
किसी की आँखों में जल हो तो
क्या करे ब्रह्मपुत्र।
कोई मर जाय तो मर जाय।

ब्रह्मपुत्र इतना अकेला अब, शहर में
लोग ही लोग, कोलाहल, हर एक पत्थर लिये कष्ट का,
हाहाकार फिर भी लौटता नहीं ब्रह्मपुत्र, किसी के लिए,
किसी के लिए भी बहाता नहीं एक बूँद आँसू।
जल है कहाँ जो रोएगा ब्रह्मपुत्र!

*कनिका के गान

डूबती हूँ खूब एरिक क्लापटन में
ब्लूज, जैज़, सोल, रॉक एन रोल में
गाती ब्रूस प्रिंसटीन को, नाचती मन लगा,
ट्रेसी चैपमैन संग,
गाता क्या और कौन, कैसा व किस तरह
इसमें भी करती माथा-पच्ची, उठती फूल साँस।
ठंडा होता जाता रक्त पश्चिमी हवा में,
मुझको बचाते रवीन्द्रनाथ,
गान कनिका के,
आना ही पड़ता मुझे इनके ही पास।

*रवीन्द्र-संगीत की प्रख्यात गायिका—कनिका बन्द्योपाध्याय।—अनु।

दुःख देगा समुन्दर

मेरे पास दुःख है, रंग-बिरंगा दुःख, दुःख लोगे भय्या?
बोलो, कितने किलो?
ठगूँगी क्यों? क्यों कहते हो इसे राख!
जीवन भर ठगी ही गयी हूँ, किसी को ठगा नहीं,
यह बात तो जानता है सारा शहर, है ना!
तुम तो भय्या सुख की उथली भूमि पर
खेते रहे नाव, शरीर पर मला कीचड़,
दुःख लो, दुःख देगा समुन्दर
दुःख देगा लहरों के कन्धे पर जीवन रखने पर
प्राणों का रोना, खुलकर रोना।

ऐ लड़की

पहले करो प्रेम अपने से फिर सुशान्त दा को
सँभाले रखो जो अपना है, सँभाले रहो ज्योत्स्ना को
बढ़ रहे हैं सैकड़ों हाथ लोभ में बढ़ने दो,
हृदय तुम देना मत इसको उसको।

तुमको निचोड़कर वे देंगे नहीं तुम्हें एक बूँद
लेने के वक़्त जैसे होते हैं हाथ देने के वक़्त नहीं
देना मत ऐ लड़की यहाँ वहाँ परिचय।
जितना भी नाचें-कूदें सुशान्त पाल वगैरह
खोलना मत अपनी तिरछी मुस्कान का रहस्य
वही है कुबेर जैसा धन तुम्हारा।

पहले अपने को प्रेम करो लड़की, फिर करना प्रेम
अन्य को,
पहले लेना देख जो है जिसका वह तुम्हें
देगा या नहीं पूरे का पूरा।

गौरी नहीं है

कितनी दूर है कोलकाता से गौरीपुर?
कितनी दूर है सियालदह स्टेशन से शम्भुगंज ब्रिज?
कितनी दूर,
राधापुकुर?
काशवन पर झुक पड़ती नग्न दुपहर?
ब्रह्मपुत्र की लहरों से उठता भटियाली
सुर, कितनी दूर?
गौरीपुर में घर था आँगन था, था मैदान
वनमालियों का, था सुन्दर घाट, हाट थी
गौरीपुर में गौरी थी।
क्या है वह? और उसकी गुड़ियाँ?
क्या वह खेलती है पहले की तरह,
कौड़ियाँ धूल में,
क्या अब भी पकाती है मटर,
मूली, चूल्हे की आँच में?

किसने बताया उस दिन कि गौरी अब नहीं है।
घर से गयी है चली, या फिर न जाने कौन थे
वे उठा ले गये उसे करके निर्वस्त्र
फेंक दिया है उसे कहीं जंगल में
बाँस के, खड्ड में,
था उसके एक बड़ा तिल गाल में।

अगर गौरी नहीं है, गौरी ही नहीं है अगर,
यदि हवा ही नहीं है पाल में,
तो फिर मैं निरुद्देश्य ठेलता जाऊँगा कहाँ
नौका को ज्वार में,
करने प्रेम, जाऊँगा किसके खयाल में!

प्रिय एडिनबरा

एडिनबरा आकर हठात प्रसन्न हो जाता मेरा मन।
किसी शहर में आकर इसी तरह लगता, परिचित हूँ
परिचित उसके अन्तर बाहर से, सँकरी गली, खुले मैदान
उत्ताल समुद्र—सबसे।
परिचित पुराने प्रासाद से, पहाड़ से, ताल के हंस से—
एडिनबरा झाड़ देता है मेरे शरीर की विषाद-धूल,
फिर जैसे शीत के नग्न वृक्ष से फूटता पहला पत्ता,
बर्फ के नीचे का दबा हुआ मैदान झलकाता हरी घास
उसी तरह कुम्हलाए इस शरीर में फूट आता वसन्त।

लगता यही मानो पिछले जनम में यही था मेरे जन्म
का शहर, एडिनबरा!

अनुगत

आओ कहते यदि, आती, जाओ कहते तो जाती
मिले कुछ या न मिले
नाचती रात दिन कहने पर तुम्हारे
कहो, क्या मैं अपनी ही ख़ातिर हूँ जीती?

मैं तो नहीं ऐसी कोई चमत्कारी

करते हो बात प्रेम की इतनी अधिक, कि बीच-बीच में
सचमुच मैं भूलवश कर लेती इस पर विश्वास कि
तुम करते हो मुझे प्रेम।
समझना उचित था मुझको कि अनर्गल कोई
कुछ कह दे तो वह होता नहीं सच।
प्रेम केवल बात करने की चीज़ नहीं,
प्रेम तो है निमग्न होने में, त्याग में।
तुम हो कितना निमग्न?

मैं तो ऐसी कोई चमत्कारी नहीं कि मुझसे
करना ही होगा प्रेम।
मत करना प्रेम। हजारों मनुष्य करते नहीं प्रेम,
तो क्या गयी मैं मर?
मत करो प्रेम—यह ज्यादा अच्छा है, मुझे
मिथ्या के जल में डुबोकर मेरी साँस रोक देने से!

दुःसमय

तो फिर मैं कहाँ जाऊँगी
किसके पास रखूँगी जीवन भर का असुख।

पहुँचते ही निकट गन्तव्य के
हाथ में थमा देते हो अवहेलना का पीला पुष्प,
घृणा की गन्ध लेने जाकर, कलंक के दाग़ की तरह
रह जाती है गाल में मली हुई धूल,
मैं तो नहीं जानती कोई ठिकाना और,
तो फिर मैं जाऊँगी कहाँ?

कितना विचित्र है यह
जब मैं पहुँचती पास गन्तव्य के, पहरेदार कुत्ते
हा हा कर उठते हैं हँस।
दमकते विद्रूप में टपाटप झर पड़ते पत्ते
बहार के
तो फिर इस घोर दुःसमय में मैं
रखूँगी किसके पास अपने जीवन भर का असुख।

परवास-6

किसके कारण किस दोष में
आज मैं हूँ परवास में
उत्तर नहीं मालूम।
जानती केवल यह जीवन की नदी में उत्ताल
वर्षा की ऋतु में,
परती गयी है बिछ।

घास

तो चलो फिर घास ही हो जाएँ हम
कहा मैंने उससे, कहा उसने चलो।
कहा तुम रहो आगे, पीछे मैं आऊँगा
कहा चूमकर तुम्हारे कदम बाद में आऊँगा।
हुई घास, नहीं हुआ वह। ठेलकर पैरों से मुझे
बढ़ गया किसी और ही ओर।
कहाँ किसके पास जाने कौन। घास भला
जाय कहाँ, खोजे किसे।

बरस बीते एक दिन सुना मैंने
वृक्ष होने की चाह में हुआ वह वृक्ष कहीं।
घास थी मैं, रही घास ही, खिलाती फूल,
दिन भर ताकती आकाश, रहती बची।

इधर दो लोग चक्कर लगाते हैं बनोगे वृक्ष, वृक्ष बनोगे?
लगता भेजा उसी ने बनाने को मुझे वृक्ष।
झेला अकेलापन इतने दिनों तक।
दोनों लोग करते हैं पूछताछ। किसकी बात करती हो।
बताती नाम। सुना नहीं जीवन में कहते वे।
दुर दुर कर भगाती उन्हें। मैं घास ही ठीक हूँ।

रहो घास तो पास नहीं होती जगह ज्यादा रखने
को दुःख।

किसकी सामर्थ्य भला चढ़ चढ़ कर मर्दन करे घास का
करे रक्ताक्त उसे।
मैं अपनी तरह बचती वृष्टि में
फुंसी-सी गर्मी में बचती।
देख देख चाँद को रात भर, चाँद से
चू पड़ते सुख को देख देख बचती।
कहती नहीं किसी से भूलकर होने को घास,
भूलकर खुद भी कभी बनती नहीं वृक्ष।

कम्पन-14

जितनी ही बढ़ती आयु, उतनी ही पड़ती झर,
पहले छुओ शरीर, बाद में बात हो प्रेम की।

मेरा एक घर है निज का

मेरा एक घर है निज का
स्वाद ही अलहदा है इस घर का इच्छा हुई सोने की
फैलाकर पाँव सो गयी, इच्छा हुई गाने की
गाने लगी खुलकर खुले गले से
इच्छा हुई हँसूँ जोर-जोर से
हँस पड़ी
कोई नहीं टोकने वाला ऐसे नहीं वैसे नहीं
कोई नहीं अपने जो आँख कान नाक मुँह गड़ाए
दिन भर अपनी ही इच्छा से चलने वाली
मेरी गतिविधि में।

कौन है जो लाए मेरे धुले फ़र्श पर पाँवों की धूल
इधर-उधर करे किताबें काग़ज-पत्र
बिछौने की लकदक चादर पर
छोड़े निशान अपने शरीर के, नहीं है।
सारा दिन जो-मन-में-आये-बस-करो-वही

वाली इच्छा के बीच
हाथ-पाँव-शरीर को गलाने वाला कोई नहीं।

अपने घर का स्वाद ही अलहदा है, इच्छा हो
बिना खाए-नहाए बिता दूँ तीन दिन, बिताती हूँ,
इच्छा हो यदि भूलकर दुनिया-जहान को रोऊँ
तो रोती
तभी अगर कोई जिसे मैं जानती तक नहीं,
बढ़ आये आगे—कहे, 'रोओ नहीं।'
तब जाने क्यों मेरे घर-भीतर
उत्सव शुरू होता है सुख का
भूलकर घर का स्वाद, होती निमग्न मैं
उस सुख के स्वाद में।

चन्दना, सुन

दिन जाता, जाता
जाता है साल, डुलाता कड़ा
हाथों का सुनहरा,
एक दो तीन कर
जाते दौड़ दिन कैशोर्य के—छत पर वह
मंडली समेत हँसी-खेल,
देखना शरतचन्द्र आँखों को लाल कर
सारी सारी रात।

चार पाँच छह करके जाते हैं वर्ष,
ज्वार सम तरुणाई जाती उत्ताल वह,
देख-सुन नाट्य-नृत्य, सांस्कृतिक सन्ध्याएँ,
आना लौट घर में मध्यरात्रि,

क्रन्दन वह प्रेम का, प्रेम के अभाव का,
जाते हैं वर्ष आठ नौ दस करके,
तुझको नहीं पाती हूँ भूल!
बजती तालियों बीच, जीवन जितना बाकी,
जाएगा ही वह भी, जानती।
भूलूँगी नहीं तुझे चन्दना, लेकिन मैं,
भुला नही पाऊँगी तुमको!

दीर्घ पथ पर जाऊँगी

चलती चलती मैं उस पथ पर जाऊँगी
कहते हैं पिता—तुम तो हो लड़की, लौटो
कहती मैं—लड़की होने से अगर लौटना हो मुझे
तो फिर मैं लड़की नहीं।
बन्धु सब बुलाते हैं, आओ, आओ, खेलें हम।
मैं लौटूँगी नहीं।
वह पथ ऐसा है, जिसमें मुझे कोई देगा नहीं फूल चन्दन
वह पथ ऐसा है, जिसमें पैरों में मेरे चुभेंगे काँटे
वह पथ नहीं है ऐसा, जिस पर जाते हैं लोग
या चाहते हैं जाना
वह पथ ऐसा है, जिस पथ पर चलने में फूलती है साँस।
उस पथ पर चलने पर, जानती हूँ, एक दिन
पाऊँगी आलोकित ब्रह्मांड
मनुष्य मनुष्य का पाऊँगी प्रेम,
पाऊँगी हवा निर्मल
कहती माँ—लौटो। कहते भाई—बहन लौटो।
लौटूँगी नहीं। मुझे जाना ही होगा उस पथ पर,
जिस पथ पर जाने का साहस नहीं सब में।

यदि तुम आओ

तरंगित दुःख आये यदि, आये,
जैसे भीगता शिशु वर्षा में, उसी तरह भीगूँगी
द्विधाहीन मैं सारा दिन।

तरंगित यदि आओ तुम
जल में तुम्हारे भी दूँगी मैं डुबकी,
डूब में मिले यदि मुक्ता होऊँगी धन्य, मिले नहीं
तो भी जाऊँ मैं तैरती तैरती तुम्हारे हृदय में।

कलकत्ता का मेरा घर

घर तुम, कैसे हो?
क्या अकेले हो खूब?
मैं भी खूब, मैं भी तो।
डर नहीं लगता रात में?
खिड़कियाँ खुल जातीं हठात
जब सटाक?
कोई आकर खटखटाता है क्या दरवाजा?
धूल धूसर बरामदे में घुस आता कोई,
जगाता भय?
बढ़ गये हैं डाकू-चोर,
या कि घुस आती है हवा ही,
घुस आता अन्धड़?
पर हवा भी कहाँ है
शायद मैं ही आ जाती हूँ
मन-ही-मन, मैं ही तो भीतर।
चीन्ह पाते हो अँधेरे में?
पैरों की आवाज़ लेते हो पहचान?

घर रखना ध्यान लिखने वाले कमरे का,
सब कुछ तो है उसी में।
लिखना ही है जीवन।
बिन आलमारी कागज-पत्र
लिखने पढ़ने का संसार
वह सब छोड़कर कैसे रह सकती भला!
मन-ही-मन अशरीरी घूमती-फिरती
छोड़े हुए घर दरवाजों में
गिरा आती आँखों का जल।
बरामदे के पौधों में दे दे जो पानी,
ऐसा कोई तो नहीं।
आँखों के जल से नहीं बचेंगे पौधे?
मेरी आँखों में है नदी-भर जल।
कहो तो भेज दूँगी एक समुद्र बराबर,
घर तुम, बचे रहना।

तुम्हें छोड़कर लगता नहीं मन,
निर्वासन में एक भी पल।

बिड़ाल भी 'घर नहीं' बिसूरता
चक्कर लगाता है भीतर कमरे के।
तुम डूबे हो धूल में,
आँचल से दूँगी पोंछ
धो दूँगी आँखों के जल से,
इन्तज़ार करना घर तुम।
तुम क्या घर हो केवल,
तुम तो हो मेरे खोए हुए देश।
तुम तो हो मातृ भाषा मेरी।
तुम क्या घर हो केवल,
पालती रही हूँ तुम्हें छाती के भीतर
एक युग से भी अधिक समय से,
तुम तो जानते हो सब।
तुम स्वप्न हो दीर्घकाल के,
स्वप्न मानकर ही पुकारती तुम्हें,

घर तुम रहना बचे,
थोड़ा-सा बचा रखना मुझको भी।

नूरजहाँ

खड़ा कर दिया है उन्होंने नूरजहाँ को खोदकर एक गढ्डा
वहाँ धँसी हुई कमर तक झुकाए सिर खड़ी है वह
फेंक रहे हैं वे नूरजहाँ पर पत्थर
वे पत्थर लग रहे हैं मेरे शरीर को।
मेरे माथे मेरे कपाल मेरी छाती मेरी पीठ पर आकर लग रहे हैं पत्थर
वे फेंक रहे हैं पत्थर और हँस रहे हैं 'हो हो' कर
हँस रहे हैं और दे रहे हैं गाली।
बह रहा है रक्त फटे हुए कपाल से नूरजहाँ के
गल गयी हैं आँखें नूरजहाँ की मेरी भी
ये पत्थर क्या नहीं लग रहे हैं तुम्हें!

'हा हा' कर हँस रहे हैं वे लहरा रहे हैं वे दाढ़ी,
माथे पर रखी है टोपी जो हिल रही है वह हँसी से
वे हँस रहे हैं और हिला रहे हैं हाथ की छड़ी
उनकी क्रूर आँखों से छूटे हुए तीरों ने वेध दिया है
नूरजहाँ के बदन को, मेरे भी बदन को।

क्या यह तीर चुभ नहीं रहा है तुम्हारे शरीर में!

माँ के कष्ट पाने पर हमारा कुछ आता-जाता नहीं था

मेरी एक माँ थी
देखने में चमत्कारिक एक माँ
एक माँ मेरी थी

माँ हमें खिलाती, सुलाती और नींद के लिए लोरी गाती थी,
बदन में कोई धूल नहीं लगने देती थी
मन में पड़ने नहीं देती थी कोई गाँठ
माथे पर नहीं लगने देती थी कोई चोट।
फिर भी
माँ को लोग कहते थे काली
हम भी।
बोका* बुद्धू तक कह देते थे हम माँ को।
माँ कष्ट पाती थी।

* बोका : बंगाली समाज में प्रायः बरता जाने वाला शब्द, जिसका अर्थ है गुण-ज्ञान से हीन व्यक्ति।

माँ के कष्ट पाने पर हमारा कुछ आता-जाता नहीं था।
हमारा किसी चीज़ से कुछ आता-जाता नहीं था,
माँ के बुखार से भी नहीं,
माँ के जल जाने पर भी नहीं
माँ के न खाने सूख कर काँटा हो जाने पर भी नहीं
उसकी साड़ी के फट जाने पर भी नहीं,
माँ को बस हम समझते थे माँ, मनुष्य नहीं।
माँ मतलब जो जुतती है गृहस्थी की घानी में
माँ मतलब जो पकाती है सबसे अच्छा खाना
कपड़े-लत्ते धोकर उन्हें रखती है जो तहाकर
माँ मतलब हाड़-माँस को सुबह से शाम तक खट कर
मुर्झा लेती है जो,
जिसको खाना नहीं, लेटना नहीं, सोना नहीं होता,
जिसको नहीं होता हँसना।

जिसको सुहाता है बस रोना,
शोक की नदी में नाक तक डूबे रहना ही।
माँ मतलब जिसका अपना कोई जीवन नहीं होता।
माँओं का कहाँ होता है निज का कोई जीवन।
माँ पीड़ा में कराहती तो हम कहते
वह तो कुछ भी नहीं, बस बहला रही है मन।
मर जाने पर गाड़ देते हैं माँ को माटी में
लगता है जैसे हो गया हो एक कठिन कर्तव्य का पालन।

माँ नहीं है।
हमारा इससे भी कुछ आता-जाता नहीं है।

दुःख पोसने वाली लड़की

आओ तो थोड़ी देर बैठ लो
दुःख के झोले अपने खोलो
दिखाओ तो गोपन घाव गहरे
कितने बढ़े और जरा बोलो

ऐ लड़की, सुनती हो

इन सबको बाहर तो लाओ
दुःख ये तुम्हारे बहुत भीग गये
गुण है हवा में चमत्कारिक
दुःख कुछ लेती वह हर
इनको सुखाओ!

सुनती हो

दिन!
दिन वे तो बीतेंगे। दुःख नहीं पोसो।

जीवन को धूप की पीठ पर डालो,
देखो तो फैला है कितना प्रकाश
नाच रहे घन वन
साथ में सुखी हरिन।

ऐ लड़की, हँसो।
अपनी ओर फेरो दो आँखें,
प्रेम करो अपने को,
खुद को सँभालो।

एक अकविता

जब मेरी माँ मर रही थी, सुबह स्नान करके,
कपड़े जूते पहन कर, मेरे पिता चले गये
घर के बाहर, यही तो था उनका रोज का
अभ्यास, हमेशा से। बड़े भैया ने सुबह के
नाश्ते में छह पराँठे खाए, घी में तले
हुए, साथ ही बकरे का गोश्त, यह नहीं
होने से उनकी जीभ भला कैसे जानती कि
किसे कहते हैं स्वाद। छोटे भैया
एक लड़की की छाती और मुँह पर हाथ फेरते
हुए उसे बुला रहे थे बिस्तरे की ओर। बड़ी
भाभी सारे शरीर में हल्दी मलकर बैठी थीं,
उन्हें गोरा जो होना था, नौकरों-चाकरों से
उन्होंने कह दिया था कि बनेगी ईलिश
मछली, साथ में रहेगी भुनी हुई खिचड़ी।
भाईयों के लड़के सब खेल रहे थे मैदान

में क्रिकेट, छक्का मारकर मुहल्ले भर
में गुँजा रहे थे अपनी हँसी-खुशी।
मन ठेलकर गृहस्थी चला रही मेरी
बहन अपने पति और लड़की के साथ
चली गयी थी शिशु पार्क की ओर।
मामा लोग इधर-उधर ताकते हुए मेरी
माँ के तकिए के नीचे टटोल रहे थे सोने
की चूड़ियाँ या पाँच सौ रुपये का नोट। खाली कमरे में
चल रहा था टी.वी. जिससे आते-जाते हुए
किसी-न-किसी की पड़ ही जाती थी नज़र
किसी टूथपेस्ट या पाकीजा साड़ी के विज्ञापन
पर। मैं हाथ में सिगरेट लिये छत पर
बैठी हुई ढूँढ़ रही थी कुछ गुरु-गम्भीर शब्द
नारीवादी कविता लिखने के लिए।

माँ मर गयी।
पिता ने घर आकर कपड़े उतारे। बड़े भैया ने

खा-पीकर खुद को उठाया। छोटे भैया
रतिकर्म से निपट कर बिछौने से उतरे।
बड़ी भाभी ने भी स्नान करने के बाद
माथे पर तौलिया लपेटा। और ईलिश
भाजा के साथ खिचड़ी के कौर मुँह में
डालने के बाद मुँह पोंछा। भाइयों के बच्चों ने
बैट-बॉल हाथ में लेकर मैदान छोड़ा। स्वामी
और कन्या के साथ बहन शिशु पार्क से
लौटी। मामा लोगों ने हाथ समेटे
मैं छत से उतरी। छोटे सब आ धमके कमरे में
टेलिविजन में नाटक जो शुरू
हो चुका था। बड़ों की एक आँख माँ की ओर थी,
एक टेलिविजन की ओर। माँ की ओर जो आँख
देख रही थी वह सूखी थी, और नाटक के
दुःखान्त-वियोग प्रसंग को देखकर दूसरी
आँख गीली।

उदास दिन

एक बार इच्छा होती है बड़ी, भाग जाऊँ
बार्च बिर्च और पाइन के जंगल, और
शीतल शान्त बाल्टिक से घिरे,
सज्जित नगर से—
कहाँ जाऊँगी भागकर? कहाँ और कौन-सा
नगर है इस पृथ्वी पर जो करता हो
मेरी प्रतीक्षा?

मेरा सर्वांग ढककर रखते हैं ये गर्म
चादर से,
हाथ बढ़ाने से पहले ही बिछ
जाते हैं सामने ढेर-ढेर प्रेमार्द्र हृदय।
सब छोड़ छाड़कर इच्छा होती है
कहीं भाग जाऊँ।
कहाँ जाऊँगी? कहाँ हैं मनुष्य और
जो मेरी अपेक्षा करते हैं इस पृथ्वी पर!

देना और प्रेम

मुझे देना और प्रेम, इतने कम प्रेम से नहीं चलता मेरा काम,
नहीं चलता।
देना और प्रेम अधिक से अधिक प्रेम देना इतना कि उठा भी न
सकूँ,
जिससे कि भर जाय आँख,
कमरे सब हृदय के भर जाएँ जिससे
जिससे भर जाय यह शरीर, यह तृषार्त शरीर।
दे दे कर प्रेम मुझे कर दो अन्धा,
कर दो बधिर, जिससे कि केवल तुम्हें ही देखूँ
जिससे कोई घृणा, कोई रक्तपात मुझे नहीं पड़े देखना
जिससे कि पार आकाश से तुम्हारे शुभ्र शब्दों को सुनूँ
जिससे कि किसी बम वर्षक विमान की कर्कशता,
किसी का आर्तनाद, चीत्कार न पड़े मेरे कानों में।
लम्बी बीमारी और मृत्यु के किस्से सुनते सुनते
क्लान्त हो गयी हूँ मैं।
चलते चलते प्रेमहीनता के साथ पथ पर क्लान्त हो गयी हूँ मैं।

करो सुश्रूषा, करा दो स्नान, अपने शुद्धतम जल से।

अगर नहीं करते हो प्रेम तो भी कहना मत कि नहीं करते प्रेम,
कह देना झूठमूठ ही करते हो
झूठमूठ का हो तो भी देना प्रेम
मैं तो उसे सच ही जानूँगी कि दे रहे हो प्रेम,
मैं तो ले लूँगी काँटे को समझकर गुलाब
मैं तो यह जान ही न सकूँगी कि काँटे से कट गयी है अँगुली।
रक्त को सुखा दूँगी अँगुली में ही कि ले रहे हो चुम्बन।
देना प्रेम उतना सब जितना संचय है जीवन भर का,
कुछ भी कहीं रखना मत छिपाकर।
मेरा तो नहीं चलता काम कम से, जिस-तिस प्रेम में
नहीं बसता मेरा मन।
चाहिए प्रेम सागर-सा उत्ताल, खत्म ही न हो कभी ऐसा,
चाहती हूँ कलंकी किशोरी की तरह,
कांडज्ञानहीन जैसा।

पगली ही तो कहोगे न मुझे? कहो।

अभिशाप

प्रेम मुझे तोड़कर बुरी तरह टुकड़े-टुकड़े किए दे रहा है,
मैं अब मैं नहीं, मैं अब पहचान नहीं पा रही अपने को,
अपने शरीर को, अपने मन को, नहीं पा रही।
अपने घूमने-फिरने चलने को नहीं पा रही
देखने को भी नहीं,
कैसी तो विचित्र हुई जा रही हूँ मैं, बन्धुओं के अड्डे में
जब चाहिए हँसना, मैं हँस नहीं रही,
जब करना चाहिए दुख, कर नहीं रही,
मन को प्रेम से हटाकर किसी और जगह क्षण भर को
भी नहीं कर पा रही स्थिर।
जगत भर में इस समय घिरता आ रहा है अन्धकार,
चाँद सूरज का ठिकाना नहीं, रात दिन का ठिकाना नहीं,

मेरा जीवन गया, जीवन यापन गया,
नाश हो गया।

अब यदि देना हो दुश्मन को अभिशाप, मैं
यह कहती नहीं जा तू हो जा कोढ़ी, मर जा तू,
तू मर जा।
अब मैं बड़े सहज भाव से देती हूँ
यह कहकर अभिशाप—जा तू पड़ जा प्रेम में।

रात का लन्दन

सारी रात कितना कुछ तुमने दर्शाया—
पिकेडली सर्कस, त्राफ़ालगर स्क्वायर, बकिंघम पैलेस,
देखा नहीं वास्तव में मैंने कुछ सिवाय घास-फूस के
सारी रात दर्शाए तुमने टॉवर ब्रिज, चायना टाउन,
हाउस ऑव कामंस—
वास्तव में कुछ भी तो देखा नहीं मैंने देखा बस
निःसंग आकाश।

सो जाता शहर सारी रात जागती मैं
उत्तर समुद्र से आती झड़-वृष्टि
कन्धे पर हवा विषम
सारी रात पगली किसी बालिका-सी भीगती मैं
टेम्स के जल में।
वास्तव में समझता नहीं कोई, मन-ही-मन
भीगती मैं गहन ब्रह्मपुत्र में,
छोड़ जिसे पीछे से आयी हूँ बहुत दूर।

तुम हो लड़की

तुम हो लड़की
रखना यह अच्छी तरह याद
लाँघोगी जब घर की चौखट तुम
लोग तुम्हें देखेंगे तिरछी निगाह से।
जब तुम जा रही होगी गली से
लोग पीछे पड़ेंगे सीटी बजाएँगे
जब तुम जाओगी चौड़े रास्ते पर,
होकर गली से, लोग गाली देंगे तुम्हें
कहेंगे चरित्रहीन
यदि निकलीं तुम कमजोर
तुम पीछे लौटोगी
नहीं तो जैसे जा रही हो चलती जाओगी।

पीछे कुछ भी नहीं

पीछे कुछ भी नहीं, पीछे घर खाली, पीछे खुला मैदान,
पीछे शून्यता, स्मृति-तरंग में तिनके-काठ-तिनके
पीछे है भूल-चूक, पीछे खड्ड नाला, पतन निश्चित।
पीछे क्रन्दन, पीछे कोई नहीं, बस आँधी दौड़।

सम्भव है मिले कुछ सामने, सामने हो यदि
सामने यदि हो सामने सामान्य—
सामने मिलेंगे यदि पत्थर दो-एक
पत्थर से पत्थर घिस जला दूँगी आग।

आग वह अन्ततः भगाएगी बिच्छू-सर्प,
लूँगी मैं चीन्ह वृक्ष, चीन्हूँगी तरुलता,
अच्छा हो सबसे यही, चीन्हूँ मैं यदि मनुष्य!

स्विट्ज़रलैंड की लड़की

डिनर पार्टी में उस वक्त सबके हाथों में थी शैंपेन या वाइट वाइन।
रथी महारथी कतार में मिला रहे थे हाथ कर रहे थे अभिवादन।
कोई आ रहा था जानने कि किस तरह आ गयी
बचकर मैं पुरुषों की गुहा से।
कोई लेने ऑटोग्राफ, कोई माथा और आँखें उठाकर कहने—
शाबाश वाह, वा, कोई चूमने, कोई देने फूल हाथों में—
इस सबके बीच आयी एक लड़की सुनहरे बालों वाली
न बढ़ाया हाथ, न माँगे हस्ताक्षर, न चाही सुननी
कहानी मेरी, कहा उसने केवल यह—
'आयी हूँ रोने तुम्हारे साथ एक बार।'
कहते कहते छलक उठीं आँखें उसकी।
और मेरी भी आँखों में उमड़ आया ब्रह्मपुत्र
तोड़ बाँध छाती का।

मैं पूरब की, लड़की पश्चिम की।
लेकिन हमारी पीड़ा एक जैसी गाढ़।

मैं काली, लड़की सफेद दूध जैसी
लेकिन हमारा दुख एक जैसा नील।
रोने के पहले हमें जाननी नहीं पड़ी कहानी—
एक-दूसरे की।

हमें तो पता ही हैं हमारी कहानियाँ।

निर्भय

मुझे किसका भय
तुमने तो दिया है अभय कहकर, कि हो
रहो या न रहो
जिसके कारण बधिर हूँ मैं, जन्मान्ध
लूँगी सोच साथ में खड़ा है एक जन।
उसके कन्धे पर मन ही मन रखकर अँगुलियाँ पाँच
द्विधाहीन जा सकती हूँ किसी भी दिशा में मैं।
तुम्हीं ने तो प्रेम देकर कहा है, कि हो।

नारी एवं कविता

जितने दुःख लेकर एक जन मनुष्य बनता नारी
उतने दुःख लेकर हो उठती नारी एक कवि।
एक शब्द तैयार होने में लग जाता
एक वर्ष यन्त्रणा का,
और एक कविता लेती है पूरा जीवन।

नारी जिस दिन कवि होती है, उस दिन वह होती है
सम्पूर्ण नारी।
उस दिन वह कष्ट के जहर से शब्द का प्रसव
कराने में हो जाती सक्षम,
उस दिन वह योग्य शब्द को सकती है सँवार।

कविता को जन्म देने से पहले बनना पड़ता है नारी,
यन्त्रणा से मुक्त होकर जो शब्द जन्म लेता है
वह स्पर्श मात्र से आ जाता है बाहर।
और नारी के अलावा यन्त्रणा की गर्भनाल को
और कौन जानता है बेहतर।

सन्ताप

किसी से और कुछ पाने की आस नहीं
खोते खोते और कुछ नहीं बचा खोने को
खोकर खोजती हूँ कटी हुई नीली पंतग
खोजती हूँ अपना कच्चा-मीठा कैशोर्य।
खोजते खोजते खोजना शेष होने पर दोनों ही
हाथों की मुट्ठियों में होता जमा हाहाकार।

प्रेम-अप्रेम में पूरा हुआ यौवन
भाग्य में बचा नहीं कुछ धूल-माटी के सिवाय।
खोजती अठारह-इक्कीस का धूप धूनो*
खोजते खोजते खोजना शेष होने पर
जमा होती दोनों आँखों की शून्यता बस।

मनुष्यों की भीड़ में ऐसे हैं कितने मनुष्य
जिनसे हो किसी प्राप्ति का कुछ योग।

*धूप धूनो : बंगाली घरों में अगरु-धूप जैसी धुएँदार चीज़ जिसे घर में हर जगह घुमाया जाता है, आनुष्ठानिक रूप से।

चरित्र ही ऐसा है आदमी का

चरित्र ही ऐसा है आदमी का
बैठो तो कहेगा बैठो नहीं
चलने को हो तो कहेगा क्या होगा
घूम फिरकर इधर-उधर, अरे बैठो

सो जाओ तो ताना—न सोने पर भी
नहीं निश्चिन्त,
कहेगा अच्छा रहेगा कुछ देर सो लेना।

उठक बैठक करते हुए नष्ट हुए जाते हैं दिन
मरने जाओ तो कह उठेगा—जिओ।
पता नहीं कब देखकर जीते हुए कह उठे—अरे मरो।
बड़े भय में रहती हूँ जीती हुई गुपचुप।

दूरी-1

सोए हैं पास पास दो जन मनुष्य
खबर नहीं किसी को किसी के भीतर की
किसके मन पाखी उड़ते किसका मन पींजरा,
सोता कौन, किसकी नहीं कटती काटे रात

बाहर भीतर

जानती हूँ या कि नहीं जानती रहती है किसकी आस मुझे।
खड़ी थी एक दिन खोलकर दरवाज़ा बड़ी भोर वेला में—
ज्यों ही हल्के से छू दिया सूर्य ने बोध हुआ मुझको यह
किसी की प्रतीक्षा में हूँ मैं तो।
पर क्या सचमुच कर रही थी प्रतीक्षा मैं
किसी मनुष्य की या किसी वस्तु की?

दरअसल करती नहीं प्रतीक्षा किसी वस्तु या मनुष्य की,
करती हूँ स्वप्न की, तभी मैं रहती खड़ी खोलकर
दरवाजा, भूलभाल सब कुछ को, आना है किसी को—
आना है, सोचती यही।

स्वप्न तो आता नहीं पाँवों से चलकर, उड़कर भी नहीं,
आता क्या खुले मैदान से चौखट लाँघकर
तभी क्या जब भी हिल उठता कड़ा दरवाजे का
रात या दिन को, ताकती चौंककर?

दरअसल मैं सुनती छाती के भीतर कहीं
शब्द किसी चीज़ का रह-रह कर लगता आता
कहीं दूर से
कभी लगता यह भीतर कहीं मन के ही बजता
एक गोपन तानपूरा।
जानती हूँ या कि ठीक जानती नहीं, रुलाता ही
रहता कौन मुझको निरन्तर।

ऐ लड़की, सुनो

तुमसे कहा है, आस्ते
कहा है, धीरे,
कहा है, और बोलोगी नहीं
कहा है, चुप।
कहा है, बैठी रहो
कहा है, सिर झुकाओ,
कहा है, रोओ।

तुम क्या करोगी बताओ?
तुम उठ बैठोगी
पीठ सीधी कर, माथे को ऊँचा कर खड़ी होगी,
तुम बोलोगी, अनर्गल, जैसी इच्छा हो बोलोगी,
जोर से बोलोगी
चीत्कार करोगी,
इतनी जोर से चीत्कार कि वे दोनों हाथों
से ढक लेंगे अपने कान,

वे तुमसे कहेंगे, छिः छिः बेहया बेशरम,
सुनकर तुम हँसोगी।
वे कहेंगे तुमसे तुम्हारा चरित्र ही ठीक नहीं है,
सुनकर तुम जोर से हँसोगी
सुनकर हँसी वे उठेंगे चिल्ला, तुम हो वेश्या
तुम कमर पर हाथ रख, दोनों पैर फैला खड़ी
                    हो कहोगी, हाँ मैं हूँ वेश्या।
वे निकालेंगे भड़ास। वे देखेंगे तुम्हें विस्फारित
                    आँखों से। वे अपलक
तुम्हें देखेंगे। तुम कुछ और कहो या नहीं वे
                    कानों को ढके ही रहेंगे।
उनके बीच जो पुरुष हैं, उनकी छाती की धड़कन
                    होगी तेज काँपेगी।
उनके बीच जो स्त्रियाँ हैं वे सब तुम्हारी तरह
                    वेश्या होने का देखेंगी ख़्वाब।

प्राप्ति

सुबह सकारे गयी तृण चुनने तो
फूलों से ऊपर तक भर उठी मेरी डोलची
इतना तो नहीं था मेरा काम्य।
अब मैं रखूँ कहाँ, बैठूँ कहाँ, रोऊँ कहाँ जाकर।

शून्य था पूरा जीवन, था
किसी और को तो जरूरत नहीं हुई महसूस
कि मुझे कुछ दे
तुम ढाले दे रहे हो इतना, खींचे ले रहे इतना निकट,
इतना तो नहीं था मेरा प्राप्य।

धूम

मेरे शरीर में मची है धूम प्यार की
उसका संग चाहिए
जो छू ले मेरा शरीर तो उठने लगती उससे
महक रजनीगन्धा की।

दुःख

जब ले जा रहा होता है खींचे मुझे दुःख
गर्त में अन्धकार के
तब जैसे भी हो चाहता मेरा शरीर
एक और शरीर
दुःख की दीर्घ छाया ढकती रहती है हृदय
और हो उठता है शरीर पागल सुख की चाह में
दुःख नहीं चाहता
चाहता नहीं दुःख।

चन्दना

लूटे हैं तारे तेरे आकाश के जिन्होंने
कैसे तुम करती हो उनके ही घर का सब कामकाज चन्दना?
गुस्सा नहीं आता?
गुस्सा न करो तभी कहते हैं लोग बड़ी भोली है ना!

शायद तुम इसीलिए चूल्हा चिमटा हँडिया ले
सुख के पाँवों डाले बेड़ी
आँचल भर दुःख बटोरती हो चन्दना!

डुबोया आँखों के जल में

मेरा और कौन है अब नागफनी के सिवाय?
कौन है दो-एक मामूली कैक्टसों को छोड़?
छाती के सन्दूक में कुछ दीमकों को छोड़?

यह शहर, यदि कहूँ इसे शहर
कहूँ यदि ईंटों का निसर्ग, कौन है जो इसके भीतर से
मुझे पुकारे, कौन है जो इसकी त्वचा, इसके
माँस से एक बार मुझे झिंझोड़े,
कौन है जो इसके अतल से आकर
मुझे स्पर्श करे, कोई?

कौन है मेरी एक लम्बी नदी को छोड़,
काशवन को छोड़?
एक समय तुम थे
तुम्हारे होने पर और किसी की दरकार क्या?

दरकार क्यों ब्रह्मांड की?
अब और कौन है मेरा मुझ अकेली को छोड़?

कौन है मेरी दो अन्धी आँखों, लकवाग्रस्त
पाँवों के सिवाय?
कौन है सिर्फ़ शून्य में करतल को छोड़?

एक समय तुम थे
अब मेरे निकट से परे और परे होकर इतनी
दूर चले गये हो
कि तुम्हें छूने की कोई भी साध
रही नहीं बाकी।

प्रवास-7

होते हैं सभी के पास दो एक जन आत्मीय, संसार,
घर लौटना इत्यादि कुछ न कुछ
केवल मेरा ही कोई नहीं, कुछ नहीं,
अनावृष्टि से फटी हुई मेरी ही छाती के भीतर पड़ा रहता शून्य
कलश।

रहते हैं जल, दल, फूल, फल सबके अपने पास
मेरे पास ही नहीं कुछ भी, जीवन भर के धू-धू कर उठते
परवास के सिवाय।

मेघ और चन्द्रमा का खेल

आशा लेकर आयी देखूँगी पूर्णिमा
भले ही मेघों की ओट अभी छुपा है चाँद
खड़ी खड़ी तीन मंजिला जहाज पर भीगती
अकेली मैं,
रह रह कर अबोध पद्मा का जल
जहाज के लौह शरीर के लेता चुम्बन
कब देखूँगी मुख चाँद का–
मेघ का घूँघट हट जाने पर
हृदय-जल पर मेरे अस्थिर आ तैरती
एक ईलिश*।
कचूरीपाना** की तरह घनी हरी रात पानी
में डूबती स्रोत के शरीर पर नौका एक छोटी
तट की कुटीरों में रात की बत्तियाँ जगतीं दो-एक
आँखों के तारे-सी।

बीतते न बीतते रात के
शेष रात मेघों से फूट उठता चाँद
चुपचाप डेक पर जहाज के
मुझे सौंप जाता है आँखों में नींद।

* ईलिश : एक मछली
** कचूरीपाना : एक जलीय वनस्पति

प्रेम करने की कोई उम्र नहीं होती

प्रेम के लिए कोई नियम है क्या कि उम्र हो
बस बीस-पच्चीस की?
बताओ प्रेम की उम्र क्या है?
जैसे कि सोलह में वैसे ही साठ में
बह सकती है प्रेम धारा।

साठ में भी बहुत रो सकता है हृदय,
प्रेमार्त सभी अँगुलियाँ काँप सकती हैं आलिंगन में।
साठ में भी छाती के जल में उठता है ज्वार,
साठ में भी कीचड़ से कमल तोड़कर लाने की
इच्छा मरती नहीं।

उम्र कच्चा धागा है, इच्छा होने पर उसमें कुछ
रचा जा सकता है,
उम्र जितना बढ़ती है, प्रेम का पौधा भी उतना
ही छूता है आकाश, बनता है वृक्ष।
उम्र जितना बढ़ती है, सुनो, मनुष्य होता है
उतना ही अधिक प्रेमिक।

भूमध्य सागर की सीगल

पृथ्वी में सबकी होती है नदी एक, या होता समुद्र एक,
मेरे घर के पास है एक नदी
और मेरे देश के दक्षिण में है अब भी एक समुद्र
अब भी वे उमड़ आते, लेते घेर, बढ़ आते
और बढ़े हुए जल में वर्षा वैशाख में उनमें
लगाते डुबकी खेलते किशोर गाँव में।

भूमध्य सागर में सीगलों को तैरता हुआ देखकर
आज बड़ी इच्छा होती है पंछी बन जाने की
इच्छा होती है जल में उतरने की, उड़ने की हवा में
उतरते उतरते ब्रह्मपुत्र के किनारे
कीचड़ में पलटी खाकर लेटी कटी पतंग की तरह
दिन काटने की–
उतरते उतरते हमारे गोलपुकुर वाले घर के पास
की बगिया में हरसिंगार चुनने की एक दिन।

सीगल मुझे ले लोगी अपने डैनों में?
मेरा एक बड़ा पहचाना समुद्र है उस पार
एक बहुत पहचानी नदी भी।
मेरा एक बहुत पहचाना जीवन है, एक पहचाने
हुए देश में,
मैं एक हृदय छोड़ आयी हूँ तपते मैदान में
आम कटहल के वन में, लीची के नीचे।
एक हृदय छोड़ आयी हूँ बस्ती की तंग गली में
जहाँ काले काले शिशु कव्वों के खाद्य पर पड़ते झपट,
जहाँ लोगों की टोलियों पर रहती झुकी नील मृत्यु,
जहाँ दोलन चम्पा* भी खिल उठती शव के
मृत्पात्र से।

सीगल एक दिन चुपचाप, बड़ी भोर वेला में,
जानेगा नहीं कोई, ले जाओगी मुझे अपने डैनों पर,
भूमध्यसागर से, बंगोपसागर में?

*दोलन चम्पा : चम्पा फूल की एक प्रजाति

कलकत्ता

कलकत्ता वैसा ही है
भीड़ भिखारियों की और धूल
फुटपाथ पर सुलगता चूल्हा
कड़ाही में गरम होता तेल—
गन्ध, बन्ध
शाम को नन्दन* आँगन।

क्या नहीं है कलकत्ता में
महारानी विक्टोरिया** से लेकर गँदली गंगा
दोनों को माथे पर रखने से खो जाती संज्ञा।
बारह महीनों में तेरह पूजाएँ, पागलों का कुम्भमेला
आँखों पर पट्टी बाँध कुलक्षण धर्म-धर्म खेला।

ठीक वैसा ही है कलकत्ता
जैसा था बेढब बेढंगा, भूलकर नशे में

*नन्दन : सांस्कृतिक केन्द्र
**संकेत विक्टोरियल मेमोरियल और महारानी विक्टोरिया की मूर्ति की ओर है

सूत्र बातों का मद्यप कवि लौटते घर
अनायास लुटाकर मणिमुक्ता हीरा
कोई कोई लेता चुन जीवन का ठीकरा
कलकत्ता है शहर ऐसा
जहाँ जा सकता है हँसा खुलकर
कलकत्ता शहर वह भी उमड़ता अनायास
प्यार जिस पर।

होर्डिंग में छवि किसकी

नारी की।
चलता कौन उन्मुक्त?
नारी।
ढकता कौन खुद को आगे-पीछे?
नारी।
विविध किसके केश विन्यास?
नारी के।
रंगता मुख अपना कौन ज्यादा?
नारी।
कानों में नाक में हाथ और पाँवों में गहने
कौन पहने?
नारी।
चाबुक के निशान किसकी पीठ पर?
नारी के।

आँखों में जल?
नारी के।
खून मध्यरात्रि में?
नारी का।
हँसता कौन होर्डिंग में?
नारी।

यह प्रेम नहीं

हर क्षण तुम्हीं रहते हो मन में
तुम्हीं रहते हो मन में हर क्षण
मन में हर क्षण।
तुम कहोगे तुम्हें चाहती हूँ, तभी तो।
किन्तु क्या यही है प्यार?
बेहद प्यार? ऐसा प्रेम जो मिल जाता हाट-मैदान
में बिन चाहे।
चाहा तो मैंने बहुतों को, इस तरह तो कभी लगा नहीं
कि मरी जा रही हूँ, मरी जा रही हूँ।
यह निश्चय ही कुछ अधिक है प्यार से, कुछ बड़ा।
तुम्हारी बातें, हँसी तुम्हारी मुझे देती है इतनी
आँच मानो बर्फ़ पर लेटी हुई भी मैं खोल
रही हूँ आँखें, लेती हूँ साँस।
कहोगे पड़ी हूँ तुम्हारे प्रेम में।
लेकिन इस तरह तो पड़ी हूँ जीवन में कई बार।
पर कभी तो लगा नहीं कि सिर्फ सुनकर

बातें किसी की, सिर्फ सुनकर हँसी,
बिता सकती हूँ जीवन सुख से,
चाहिए नहीं कुछ और।
यह निश्चय ही नहीं है प्रेम, नहीं है प्रेम,
यह प्रेम से भी बड़ा है कुछ, अधिक है कुछ।

अगर चाहते ही हो

तुम अगर मुझे चाहते हो, प्रेम करते हो यदि,
तो कहते क्यों नहीं कि चाहते हो। क्यों सबको
बता नहीं देते कि चाहते हो।
मेरे कानों के पास ही क्यों है तुम्हारा इतना दुःसाहस।
अगर चाहते हो तो वह जुई* फूल क्यों नहीं
जानता कि चाहते हो।
फूल की ओर देखती रही इतनी देर तक मुझसे
तो एक बार भी नहीं कहा उसने कि चाहते हो।
यह कैसा प्रेम है। नाचते हो केवल मेरे ही सामने।
इस तरह तो बन्द करके दरवाजा किसी के भी
सामने सकते हो नाच।
मैं अब नहीं करती विश्वास चाहे जितना कहो।
पहले मुझसे कहें पंछी, पेड़ कहें पेड़ के
फूल-पत्ते कहें।

*जुँई : छोटा सुगन्धित फूल, यूथिका

आकाश कहे, चाँद की चाँदनी कहे, नक्षत्र कहें,
पास पड़ोस कहे, कहें हाट-बाज़ार के लोग,
कहे ताल का घाट, ताल का जल कहे कि
                                        तुम चाहते हो मुझे।
प्रेम क्या छिपा रखने की चीज़ है।
दिखा दर्शा कर ही तो, जता जता कर ही तो,
किया जाता है प्रेम।
प्रेम को लेकर तो हम मनाते हैं उत्सव
नाचते नचाते हैं झूमते अच्छी खबर को
जब सुनते सुनते रहा नहीं जाएगा तब उसी–
चौरस्ते पर एक सौ लोगों के सामने तुम्हें लूँगी चूम
फिर जो होना हो, हो।
क्या हम बजा बजा कर ढोल चारों ओर देते नहीं फैला।
जिस दिन कहेगा जुईं फूल कि तुम चाहते हो मुझे
उसी दिन तुमसे कहूँगी कि मैं भी हूँ चाहती
उसके पहले रत्ती भर भी नहीं।

जब नहीं होते तब होते हो

जब तुम मेरे साथ नहीं होते
तब मेरे साथ होते हो सबसे ज्यादा।
मैं चलती हूँ, लगता है तुम भी चल रहे हो साथ साथ।
तुमको लेकर संग संग जाती बाज़ार
जो जो पसन्द तुम्हें खाने में, खरीदती, तुम हो नहीं
जानती, फिर भी खरीदती।
जब पकाती लगता है खड़े हो लगकर दरवाजे के साथ,
मन ही मन करती हूँ बातें।
खाने बैठती, सोचती तुम भी बैठे हो।
जो कुछ भी देखती, तुम भी खड़े रहकर पास रहे हो देख।
सुनती, जो सुनते।
तर्क वितर्क में, गान-गल्प में, तुम्हें रखती पास।
तुम रहते हो साथ सारा दिन,
जब तक रहती हूँ जागती, तुम भी रहते,

सोती तो रहते बीच स्वप्न के।
तुम नहीं हो, पर हो जैसे घनघोर।
तुम जब रहते हो साथ वास्तव में,
तब भला कहाँ रहते हो इतना अधिक साथ।

इस घर से उस घर में

मृत्यु से अब रोज ही होती मेरी दो बेला बात
हम चुम्बन लेती हैं गाढ़ एक-दूसरे का, बैठतीं
पास-पास, अड्डा जमातीं उन्मुक्त।
मृत्यु के शरीर में है चमत्कारिक सुगन्ध,
घुटनों पर हाथ रख करती हूँ जीवन
की बातें, चढ़ी हुई नदी की, नदी में
तैरने की उन किशोर दिनों की, धूल में
खेलने की—
जब करती हूँ बातें बालों में फीता बँधी
वेणी को लहराते हुए खेलने की, कमल
गुलाब की, कटी पतंग के पीछे पीछे दौड़ने की,
सारी साँझ पार कर मैदान खड्ड रात को
पोखर के किनारे बैठ चाँदनी में देह
नहलाने की, जल पर सोई हुई रूपाली मछली
की ओर हाथों को बढ़ाने की, और हाथों में
मछली के बदले टुकड़ों-टुकड़ों में चाँद के आने की

जब करती हूँ बातें घास के बिछौने से
फ्रॉक भर हरसिंगार बटोरने की, पड़ोसी
की दीवाल फाँद दौड़ भाग जाने के
दिनों की बातें, तब मृत्यु की आँखों में भी
थोड़ा-थोड़ा शिशिर आकर जम जाता।
उसका भी भर आता कंठ।
कहती है—जाती हूँ।
मृत्यु के साथ होती है दो बेला भेंट।
चुम्बन हम लेतीं परस्पर गाढ़
और जब करती बातें बीतते न बीतते
कैशोर्य के गहन अरण्य में हिंस्र पशुओं के
बीच अपने को छोड़ दिए जाने की
जाने किनके द्वारा,
जाने किनके द्वारा पकड़ मुख माथे को मुझे
डुबाने की

जाने किनके द्वारा हाथों में पाँवों में
बेड़ी पहनाने की
जाने किनके द्वारा मार मार कर पत्थर
मेरे कपाल को फोड़ दिए जाने की
तब मृत्यु की आँखों में भी उतर आता
गहरा कुहासा, कहती वह—जाती हूँ।
मृत्यु के साथ रोज ही होती है दो बेला भेंट।
मेरे बालों पर, पीठ पर, हाथ फेर उसने
दिया है वचन,
वह फिर आएगी, इस बार आएगी
और घोर अन्धकार में
मुझे छोड़कर अकेली वह कहीं नहीं जाएगी।
उसका एक घर है झिलमिल प्रकाश से भरा,
वह मुझे वहाँ ले जाएगी।

विसर्जन

चलो चलें हो आएँ नदीं के किनारे
कहती यह मैं ही उससे, वह भी उदासीन आँखों से
कन्धे उचका कहता है—चलो।
लगता है नदी अच्छी लगती खूब?
कहती मैं—खूब।
नदी दूर बचपन जैसी है बहुत, दिख
रहा है किनारा, पर बढ़ाते ही हाथ
छू नहीं सकती, लेती हूँ निःश्वास।

वह चलता मेरे पास पास, कहता
—आकाश का चाँद भी खूब अच्छा लगता है?
कहती—खूब।
—और हेमन्त की हवा?
—वह भी।
—और पूर्णिमा में अरण्य तुम्हें?

अचीन्हे फूल की गन्ध और अकेली तुम
डर-भय नहीं लगता कुछ?

मेरे शरीर में भर जाती अवर्णनीय पुलक,
कहती—भय किससे? भूत से?
—नहीं मुझसे। कहकर वह करता स्पर्श
हँस-हँस गर्म-गर्म हाथों से।

तब तक आ जाती नदी निकट पाँवों के
मैं बन जाती बूँद उसके स्पर्श से, गन्ध से।
सहसा वह धक्का मुझे देता जोर का
गहराए पानी में।

क्षुब्ध, क्षुधार्त, मुँह बाए
जल के ऊपर जब मैं होती हुई उलट-पुलट

डुबकी खाते-खाते डूब रही होती हूँ,
तब वह तट पर खड़ा हँसता है।
मुझे नहीं आता तैरना
बात यह उससे अधिक और कौन जानता।
उससे करती हूँ प्रेम
यही हो बस मेरा पाप या पुण्य
यही हो सुख
या कि गहरे समाया दुःख।

खिलाड़ी

वे आये, दर्शाया कुछ प्रेम
वे बैठे, वे सोए
वे जागे, वे खेले सारी रात
जब जीते तो बोले अब जाएँ।

खेल जीता धूल झाड़ी
उठ पड़े अभी बेला थी बाकी।
ली समेट पात* ताड़ी और जो जो था
वह सब समेटा, लेते जितना समेट हैं घुमंतू खिलाड़ी।

वे आते वे जाते दन-दन
उठ पड़ते तभी जब करता हो अपना ये मन :
जाय कोई न अभी। तो भी जाते।
सुख डुबाते।

*पातताड़ी : भोजपत्र। जिन पर एक जमाने में लिखना सिखाया जाता था।

वे आएँ नहीं, प्रेम अपना दर्शाएँ नहीं
तर जायें झर जाएँ
खेलने को न उनको बुलाएँ
बैठना अब नहीं संग उनके—
वे खिलाड़ी हैं ऐसे तो जाएँ।

कम्पन-8

हृदय को छूने की इच्छा करो तभी
देह-जल से मैं बहाऊँगी एक नदी।

निर्भय

मुझे किसका भय
तुमने तो दिया है अभय कहकर, कि तुम हो

रहो या न रहो
जिसके कारण बधिर हूँ, मैं जन्मान्ध
लूँगी सोच साथ में खड़ा एक जन।

उसके कन्धे पर मन ही मन रखकर अँगुलियाँ पाँच
द्विधाहीन जा सकती हूँ किसी भी दिशा में मैं।

तुम्हीं ने तो प्रेम देकर कहा है, कि तुम हो।

बालक बालिकाएँ

इन्हें मिलता क्या दो वक़्त खाने को?
ये जाते स्कूल? ये बालक बालिकाएँ?
ये तो कुत्ते की खाई हुई आधी हड्डी को खाते
ये तो जाड़े की कड़कड़ाती ठंड में रात को धूल-मिट्टी में सोते।

ये पैदा होते, ये बालक बालिकाएँ।
जन्म ले लेते अगर
बाद में साल-दर-साल अकाल में मरते
बच भी जाते कुछ—ये बालक बालिकाएँ!
इनका जीवन-चक्र उल्टा ही घूमता।

शामों को कभी-कभी बीच में
बाबू लोगों के घरों के आस-पास
ये गाते गीत सुख-दुःख के
दो-चार आने पाते।

बाबू लोग जाते
दोष देकर भाग्य को इनके, ऊपर की सीढ़ियाँ फलाँगते।

आँखें

केवल चुम्बन चुम्बन चुम्बन
क्यों चाहते इतने चुम्बन।
पड़ते ही प्रेम में होता क्या चूमना।
चूमो नहीं तो नहीं होता प्रेम।
शरीर को छुए बिना नहीं होता प्रेम।

सनमुख हो बैठो
चलो, बस बैठें चुपचाप।
करें नहीं कोई भी बात,
करें नहीं कोई आवाज़,
झाँकें बस आँखों के भीतर।
देखें होता है कि नहीं प्रेम।
आँखें करतीं बातें जितनी, मुँह कर पाता क्या!
वे जितना जानतीं
अंग कोई दूसरा शरीर का
भला क्या जानता!

आशा हताशा

कितना कुछ बज उठता बज उठते रन्ध्र सब शरीर के
बजता मन बजता आँगन में मन के
सात बार चक्कर ले बज उठता नूपुर अकेला।
बज उठते हाथों के कंकण रुपहले।
रिमझिम कर बज उठते खिड़की के काँच पर छींटे
आषाढ़ के जल के।
आपस में टकराकर मेघों को बज उठती बीजुरी
तीन ताल में बजता स्वप्न
भीतर तक विषम एक तांडव कर बजती निःसंगता

इतना कुछ बज उठता
बजता नहीं केवल कड़ा दरवाजे का हठात नहीं बजता।

उसे पता हो या नहीं

क्या उसको पता यह आज भी चाहती उसे
स्मृति उसकी अग्नि-सी जल उठती आज भी
मध्यरात्रि तपता शरीर यह
अगर नहीं उसको मालूम तो भी क्या
इससे किसका क्या आता-जाता,
मेरे प्रेम में ही है सुख मेरा
वह मुझको चाहे न चाहे!

सुनते हो

सुनते हो!
पड़ी हूँ तुमुल प्रेम में तुम्हारे,
सुनते हो, पा रहे हो सुन?
नहीं पड़ी हूँ मैं ऐसे प्रेम में कब से,
किया नहीं मुझे किसी ने इस तरह आच्छन्न
कब से, कब से?
दिनों के हाथ-पाँव मेरे धँसते नहीं
चले गये रात के पेट में इस तरह
इस तरह छटपटाकर नहीं बीती रात।
उठाकर गहरी नींद से बैठा दिया है तुमने मुझे—
ऐसा भी होता है क्या!

बढ़ाऊँगी हाथ और तुम्हें पाऊँगी नहीं तत्काल
बीतेंगी रातें ऐसी।
सोऊँगी नहीं, रत्ती भर भी नहीं।
जाऊँगी कहीं नहीं, सुनूँगी नहीं कुछ, कहूँगी

नहीं किसी से कुछ,
खाऊँगी नहीं, नहाऊँगी नहीं?

बस खोई रहूँगी तुम्ही में, खोई हुई जो कुछ भी
करूँगी, वह भला 'करना' कहलाएगा करना कुछ।
होंगी नज़रें अक्षरों पर किताब के पर,
पढ़ नहीं रही होंगी।
तुम्हीं में खोई हुई जाऊँगी सेंट्रल स्क्वायर,
पर, जाकर भी जा नहीं रही होऊँगी।
घंटा दो घंटा पहले ही छोड़ आयी हूँ स्क्वायर पीछे
पर चलती चली जा रही हूँ
कुछ भी नहीं मालूम किसे पार कर रही हूँ
पहुँची हूँ कहाँ
इसको तो कहते नहीं चलना
यह तो हुआ नहीं कहीं जाना
ये तो है कुछ और ही ये तो पड़ना है

किसी के तुमुल प्रेम में।

कुछ ऐसा करो, मुझे करो स्पर्श, चूमो मुझे,
होठों को नहीं केवल चूमो सारे शरीर को
लो चुम्बन गाढ़, इतनी दूर ऐसे मत रहो बस बैठे
चले आओ उड़कर, उड़कर लो चुम्बन
ठंड में जुड़कर मेरे होंठ हो गये हैं पत्थर
दो अपनी उष्णता कुछ,
तुम तो हो आग, अमल अनल मेरे
आओ तुम्हें भर दूँगी ताप से,
लो मुझसे ताप, मुझे दो तपाने।

सुनते हो
तुम भी पड़ जाओ ना तुमुल प्रेम में!

जाना

ऐसे ही, ठीक ऐसे ही, खूब धीरे, शान्त पाँवों से चलते
हुए तुम चले जाओगे एक दिन
एक दिन तुम पीछे लौटोगे नहीं,
तुम्हारे जाने की दिशा में कोई देख रहा है या नहीं
यह देखने की इच्छा न करोगे
एक दिन ऐसे ही धारदार छुरी की तरह यह कहते हुए
कि अब चलूँ या जाता हूँ, चले जाओगे
कहोगे नहीं यह भी कि जाने अब कब हो
हमारा मिलना, कल नहीं तो परसों, परसों नहीं तो
किसी दिन—जानती थी।
जो जाते हैं, जाते हैं ऐसे ही।

तुम चले गये हो सोचकर लेती नहीं दीर्घ श्वास,
फिर-कर तुम्हारे देखने की दिशा में ताक भी नहीं रही थी मैं
जब जा रहे थे तुम।

आँखों में जल भरे तुम्हें देख रही होऊँगी यह
सोचकर सुख मिला होगा तुम्हें,
नहीं आँखें तो ऐसे देख रही थीं जैसे देखती
हैं किसी काठ की ओर
जानती थी ऐसे ही जाओगे तुम एक दिन
एक स्वप्न फसल को एक निमिष में लगाकर आग हठात्
सब कुछ दिया है मैंने जलने बचाया नहीं आकाश
आकाश भर जल ढालकर
बचाईं नहीं दो-चार भी स्मृति कड़ियाँ, ना ही
फसल का तृण कोई
पथ का पत्थर हटाकर बिछाकर लाल कालीन
जाने देती हूँ जो चाहते हैं जाना।

आकर्षण

जितना ही लेते हटा पास आ अपने पाँव
आँगन तक आकर लौट जाते उल्टे पाँव
जितना ही छिपाते हो कौशल से अपना प्रेम
उतना ही खिंचती चली जाती मैं तुम्हारी ओर।

कम्पन-7

प्रेम की बाढ़ ने हृदय में खिलाया एक फूल
दुःख एक जनम के जितने थे मिटे समूल।

केवल जाना

चली जाती ट्रेन सीटी बजाती चली जाती ट्रेन
हमारे शहर की नीली ट्रेन।
जाती ट्रेन, मुझे छोड़ पीछे चली जाती ट्रेन—
ट्रेन चली जाती मुझे करके अकेला मेरे ब्रह्मपुत्र की ओर।
काशवन, पार करती करती जाती, बँधा हुआ ताल छोड़,
छोड़कर मैदान, छोड़ पतंग का आकाश, जाती
रोकूँ रोकूँ उसे इच्छा हो आती बहुत
पर, ट्रेन का शरीर तो है लोहे का, क्यों वह रुकेगी भला?
जब मनुष्य ही मनुष्य के लिए रुकता नहीं कहीं आजकल!

परवास-2

देश तुम कैसे हो?
कैसे हो देश तुम?
तुम, देश, हो कैसे?
हो तुम कैसे, देश?

मेरे तो छटपटाते प्राण, तुम्हारे लिए, तुम्हारे छटपटाते नहीं?
मेरा तो जीवन ही जा रहा तुम्हें याद करते, और तुम्हारा?
मैं तो मरी जा रही स्वप्न देख, तुम?

मैं तो छिपा रखती हानि अपनी, सब दुःख अपने
आँखों का पानी, भीतर ही भीतर।
गोपन ही रखती उड़ते हुए चूल*, फूल, दीर्घ श्वास।

नहीं हूँ मैं अच्छी तरह,
तुम रहना अच्छे-से, मेरे प्रिय, देश!

*चूल : बांग्ला में केशों के लिए प्रयुक्त

बचना

मेरे प्रेम से चाहते हो तुम बचना,
भाग रहे हो कि छू न सकूँ तुम्हें,
भाग रहे हो कहते हुए कि तुम नहीं हो कच्ची उम्र के,
किशोर नहीं, जवान नहीं,
हो चुकी है अब तुम्हारी काफी उम्र।
तुम हो अब वृद्ध, शक्तिवान नहीं,
कम हुई है रोशनी आँखों की, तुम चाहते नहीं
कि प्रेम आकर तुम्हारे हृदय पर करे चोट,
तुम्हारी कर दे नींद हराम, तुम्हें छटपटाए।
तुम चाहते हो बचना प्रेम के उत्पात से।
सोचते हो तुम्हारी उम्र देखकर लौट पड़ूँगी
उल्टे पाँव, मार लूँगी मन।

कैसे यह सोच लिया तुमने कि उम्र तुम्हें
लेगी बचा प्रेम से।
उम्र मेरे प्रेम से बचा न पाएगी तुम्हें,
प्रेम तुम्हें बचाएगा उम्र से।

आओ इधर, अच्छे बच्चे की तरह, मेरे पास,
मेरा प्रेम लो।

सीधी राह

पड़ने की इच्छा यदि प्रेम में, पड़ो
देखो तो निःसंकोच हाथ दो बढ़ाए
इच्छा हो, पकड़ो।

समय नहीं रुकी रहूँ राह में
खींच यदि लेने ही हों हाथ
मिले नहीं मन,
रहो मत सामने, हट जाओ।

अवगाहन

मुझे क्या चाहिए और
तुमको यदि पाऊँ।
होती इच्छा यही आ जाय शीतलक्षा नदी
पाँवों के पास, खो जाऊँ।

एक मृत्यु और कई जीवन

एक मृत्यु को घेरकर खड़े थे कई जीवन।
कुछ पलों के बाद जो थे जीवन चले गये।
अपने-अपने जीवन की ओर।
मृत्यु पड़ी रही अकेली, अन्धकार में
कीचड़ कादो में—

जीवन उस ओर हिसाब-किताब में,
घर-मकान में,
संसार में, संगम में।

माँ के नाम चिट्ठी

तुम कैसी हो?
कितने दिनों से, सहस्र दिनों से,
तुम्हें देखा नहीं माँ,
सहस्र दिनों से नहीं सुनी तुम्हारी आवाज़
कितने दिन बीत गये कोई स्पर्श नहीं तुम्हारा।
जब तुम थीं तब लगा ही नहीं कि रहोगी नहीं।
जैसे कि रहूँगी मैं जितने दिन तुम भी रहोगी उतने दिन
ऐसा ही तो तय था मानो।
पूरी करती थीं सब इच्छाएँ मेरी, जादूगर की तरह।
कब लगी है मुझे भूख
कब प्यास
क्या चाहती हूँ पढ़ना
क्या पहनना, कब खेलना, कब फेंकना,
कब मिलाना हृदय
इसे मैं समझ पाती उससे पहले ही
समझ जाती थीं तुम।

सब देती थीं हाथों में, पाँवों में, मुख में।
पीछे रखती थीं अपने को। जितने सुख हैं
लिये सब अपने लिए।
तुमको नहीं दिया कुछ, किसी ने नहीं किया प्यार,
दिया नहीं मैंने भी, किया नहीं।
तुम रहती रहीं नेपथ्य में। तुम क्या मनुष्य थीं?
मनुष्य हो यह मानकर तो चली नहीं कभी।
दासी थीं, दासी की तरह करती रहीं सुख का इन्तजाम
जादूगर की तरह हाथों में, पाँवों में, मुख में? जो भी चाहा
थीं देतीं
न चाहने पर भी देतीं।
बदले में मिली नहीं तुम्हें एक भी प्यारी हँसी
थीं नेपथ्य में थी आडम्बरपूर्ण उत्सव के बाहर
नीम के तले अकेली।
तम क्या मनुष्य थीं तुम थीं गृहस्थी की खूँटी
घूँट दवा का, मनुष्य नहीं थीं।

तुम थीं फूँकनी फूँकती लड़की, पीछे थीं धुएँ के,
अपनी पीड़ा का भार
उठाती थीं अकेली ही।
अपने दुख में रोईं अकेले ही। कोई नहीं था
तुम्हें चुप करानेवाला, मैं भी नहीं।
जादूगर की तरह उठा लेती थीं किसी का सुख-असुख
तुम्हारे असुख को किसी ने किया नहीं दूर।
मैंने तो नहीं ही बल्कि समझने से पहले ही
मार डाला तुम्हें मैंने।
तुम नहीं हो। सहसा ही हाड़-माँस मज्जा से
उठती बस गूँज तुम नहीं हो।
जब थीं समझा नहीं कि हो।
जब थीं कैसी थीं जानना नहीं चाहा कभी। तुम्हारे न
होने के विशाल पत्थर के नीचे दबा पड़ा है मेरा दम्भ।
जो कष्ट दिया है तुम्हें, चाहा अपने को भी देना।
दे नहीं पाई। कैसे दूँ बोलो तो!
मैं तो नहीं हूँ तुम्हारी तरह निःस्वार्थ
मैं तो तुम्हारी तरह उतनी बड़ी
मनुष्य नहीं!

अस्वीकार

भारत वर्ष कोई बेकार कागज नहीं था जिसके किए जाने हों टुकड़े।
सैंतालीस शब्द को मैं मिटा देना चाहती हूँ रबड़ से।
सैंतालीस की स्याही को मैं पानी और साबुन से चाहती हूँ धो देना।
सैंतालीस का काँटा फँस गया है गले में
इसे मैं नहीं चाहती निगलना
चाहती हूँ उगल देना।
उद्धार करना चाहती हूँ अपने पुरखों की अखंड माटी को।
जिस तरह चाहती हूँ ब्रह्मपुत्र को, सुवर्णरेखा को भी चाहती हूँ वैसे ही
चाहती सीताकुंड पहाड़ को, और कंचनजंघा को भी।
चाहती श्रीमंगल को तो जलपाईगुड़ी को भी।
चाहती शालवन विहार को, एलोरा अजन्ता को भी।
कर्जन हाल यदि हमारा है, तो है फोर्ट विलियम भी।
इकहत्तर में जिसने किया युद्ध वह मनुष्य
जयी हुआ,
उसने किया विदा द्विजाति तत्व को,
सैंतालीस के सामने वह मनुष्य पराजित नहीं होता कभी।

तुम्हें दुःख देना अच्छा लगता है, दो

मुझे दो मेरी ही उम्र का एक दुःख
मुझे दुःख पाना अच्छा लगता है।

दुःख के साथ घूमूँगी दिन भर,
धूल में सनी खेलूँगी खुले मैदान में
दुःख के साथ दुपहर भर पोखर में डुबकी लगाकर
ब्रह्मपुत्र का किनारा छूकर
सुख के दो-एक प्रसंगों की बातें करती हुई लौटूँगी घर।
मुझे मेरी ही उम्र का एक दुःख दो
मुझे दुःख पाना अच्छा लगता है।

दुःख को लेकर साथ
स्मृति के पैरों में घुँघरू बाँध
पूरी शाम मधुमक्खी की भन-भन सुनूँगी

रात में उसकी देह से सटकर सोऊँगी जब
आने पर स्वप्न के दूँगी उसे चौकी बैठने को।
बिछौने के इस छोर से उस छोर तक
दुःख को पालतू बिल्ले की तरह
छाती से चिपटाकर करूँगी प्यार।

दुःख मुझे उठाकर ले जाएगा
बाथरूम, नाश्ते की मेज पर
मुझे मेरी उम्र का एक दुःख दो
मेरी उम्र अधिक नहीं है।

कम्पन-12

कहो तो क्यों है इतनी हताशा
आयी है, आती है उम्र चालीस की
बाकी जीवन आधा, चलो करें प्रेम, देखें।

किसी किसी के लिए क्यों लगता है ऐसा

जानती नहीं हठात् क्यों अकारण ही कुछ नहीं होने पर भी
किसी किसी के प्रति होने लगता है कुछ और ही,
कुछ और सा
कुछ और सा
कोई कारण नहीं फिर भी छाती के भीतर उठती है एक कसक-सी
इच्छा होती है किसी को खूब देखने की, पाने की, किसी
के संग खूब आत्मीय हो बैठने की,
जीवनभर जीवन की बातें करने की हो आती इच्छा
कारण नहीं ऐसी इच्छा का कोई, फिर भी हो आती इच्छा।

इच्छा की कोई लगाम नहीं। एक सुबह से अगली
सुबह तक जलाती रहती है इच्छा। प्रतिदिन।
इच्छा नहीं होती पूरी, फिर भी बेशरमों की तरह
बनी रहती है इच्छा।

रहती है आस में आस में।
होता रहता है कष्ट, कष्ट होने का कोई कारण नहीं,
फिर भी होता रहता है,
होता रहता है समय नष्ट।
किसी किसी के लिए जानती नहीं क्यों जीवन के शेष
वर्षों में भी किशोरी की तरह करती हूँ अनुभव।
जैसे किशोर दिनों में छिप-छिपाकर रखनी
पड़ती थी इच्छा, अब भी पड़ती है।
क्या पता जिसके लिए लगता है कुछ और-सा
देखे इच्छा को तो हँस ही पड़े।
इसी भय से छिपा कर रखती हूँ इच्छा।
इसी भय से रखती हूँ आड़ में कष्ट।
चलती हूँ जैसे कुछ हुआ ही न हो,
चलती जाती जैसे औरों की तरह मैं भी

हूँ सुखी मनुष्य, चलती रहती।
चलती हूँ हो आती कहाँ कहाँ, लेकिन
उसी के निकट नहीं जाती केवल, लगता है
जिसके लिए।

किसी किसी के लिए ऐसे ही अद्‌भुत असमय
फूट छाती के भीतर से आता यह, लगता यह।
कितने काम बाक़ी हैं जीवन के, करने को शीघ्र।
फिर भी रख सबको मैं एक ओर खो जाती उसी में,
पीड़ा मुझे टुकड़े-टुकड़े कर डालेगी
जानते हुए, उसी में रहती खोई। सुख नहीं
कोई खोए रहने में इस तरह जानते हुए भी
खो जाती।
उसे किसी भी दिन नहीं सकूँगी पा जानते हुए भी पाना उसे चाहती।

हिसाब

कितना दिया प्रेम,
कितने गुलाब-गुच्छ,
कितना समय, कितना सुमद्र,
कितनी रातें काटीं निद्राहीन मेरे लिए
कि़तने बहाए अश्रु—
यह सब जिस दिन घनघोर आवेग में
सुना रहे थे मुझे,
समझाना चाह रहे थे कि कितना
प्रेम करते हो मुझे, उसी दिन
लिया था समझ मैंने कि अब
तुम रत्ती भर प्यार नहीं क़रते मुझे।
प्रेम ख़त्म होने पर ही मनुष्य बैठता है
करने हिसाब, तुम भी बैठे हो।
प्रेम तभी तक है प्रेम
जब तक वह रहता है अन्धा, बधिर,
जब तक वह रहता है बेहिसाब।

दुर्वह दुःख

कोई है, लेगा दो टुकड़े दुःख?
कन्धे से उतारूँगी जुआ इस बार, कोई लेगा?

यदि नहीं लेगा, ठहरो
सुख का सन्दूक है एक गोपन, वह लो, वह तो
लोगे ही जानती हूँ
कुछ तो कम होगा भार।
उतारूँगी जुआ इस बार।
दुःख-सुख कुछ भी दे दिवा होऊँगी भार मुक्त।

जिसने जो चाहा सुख लिया, और फूट लिया।
दुःख का दुर्वह बोझ बढ़ रहा है दिन पर दिन,
दुःख के कठिन कठोर डैने मुझे
चाप कर छू लेना चाहते पलक मेघों की,
देखती हूँ मनुष्य हैं जितने सब
रखते घेर बस वासन्ती आयु,
कोई नहीं लेता दुःख,
प्रेम से, हँसकर, दो ठो दुःख।

परवास-4

देश में अपने प्रवासी
और प्रवास में भी परवासी
तो फिर कहाँ है मेरा देश?

सुजला सुफला देश!
मुझे मालूम, देश को भी, मेरे भीतर है वह देश।

भूल-ग़लती वाला आदमी

जान पहचान हो भूल-ग़लती वाले आदमी के साथ
बातें हों हृदय की
हो प्रेम का लेन-देन।

बाकी है जितना जीवन, पार हो इसी तरह,
विनिमय हो जीवन का
भूल के संग हो
रोज ही हो।

ढूँढ़ती हूँ भूल-ग़लती वाले को ही नितान्त।

जिसके संग परिचय से जीवन जीवन होता,
आकाश आकाश, वही नहीं है,
बार-बार आकर खड़ा हो जाता है कोई और,
छुआ है किसी और हाथ ने
किसी और ने किया है दिन को मेघाच्छन्न।

जीवन अब है किसी तरह बचे रहने का नाम।
छोटे-से वन्य पौधे को उखाड़कर
विषवृक्ष को रोपने का काम।
किसी और की आँख से देखना उदास सूर्यास्त।
किसी और के गीत को किसी और के सुर में गाना।

अब जो होना हो भूल के साथ ही हो।
भूल को भूल न मानकर उच्छ्वसित होना हो।
हठात भूल को पहचानकर टुकड़े-टुकड़े होना हो।
भूल को भूलवश प्रेम कर भुक्त भोगी होना हो।
मुक्त हो लूँ आशंका से।
जान बूझकर भूल के संग बसाऊँ घर,
जानते-बूझते घूम आऊँ भूल के साथ पहाड़ पर।

एक भूल के जाने पर जाऊँ एक और भूल की ओर
भूल की भयंकर भीड़ में बढ़ाऊँ पैर
बिना हिचक।
दुश्चिन्ता हीन, द्विधाहीन बढ़ती जाऊँ।
भूल को भूल मानकर भूल की ओर जाऊँ।

घूमना फिरना

चार दीवारों से घिरे इस चतुष्कोण कमरे में
ही लो घूम-फिर, अगर बेहद ज़रूरी हो,
घूमना-फिरना। ऐसा ही मिला है आदेश।
घर पड़ा रहता है घर की तरह, मैं एक कोने
में पड़ी रहती अवश,
स्तब्ध हो बैठी यही सोचती, विशाल विस्तृत
यह पृथ्वी हुई कबसे इतनी कृपण।

पूर्णिमा में

अकेली मैं, चाँद भी अकेला ऊपर पूर्णिमा का

पृथ्वी की सबसे असुखी मनुष्य मैं
देखती मनुष्य का सुख झकझक ज्योत्स्ना में—
देखकर चाँद मुझे हो उठता विव्रत इतना
लज्जा से मेघों के पीछे है जाता छिप।

मनुष्य होता है अकेला इतना भी पता ही नहीं था
शायद यह चाँद को
पास में है चाँद के आँगन आकाश का
खेलने को टुकड़ों टुकड़ों में हैं बदलियाँ।

मेरा है कौन?

निःसंगता

जातीं जिधर दो आँखें, जाती
कौन जो आये अविचल सामने
हाथ बढ़ाए।

दुःख जमा इतना जो छाती में
उसे हटाए?

दुःखी लड़की-1

भुलाओ दुःख दुःखवती
उम्र अभी सोलह की,
इतने दुःख जोड़ लिये
उम्र बहुत बाकी
अपने को इतना मत अभी से रुलाओ
रोना बहुत बाकी।

दुःखवती दुःख भुलाओ
खिड़कियाँ खोलो सब
हवा में प्रकाश में जी भर के नाचो
दुःखवती बचो, अपने को बचाओ।

प्रश्न

मरने पर लाश मेरी रख आना
मेडिकल में,
कर दी है देह वहीं पर मैंने दान,
रख आना लाश मेरी शहर कोलकाता में।

लेगा वह शहर नहीं जिन्दा रहते मुझे,
मरने पर लोगे तो मुझे प्रिय कोलकाता!

तुमको क्या

कहा था कि जीन्स पहनकर न सोऊँ
लेकिन सो रही हूँ जीन्स पहनकर ही
जान बूझकर बदल नहीं रही।
क्यों बदलूँगी?
अगर होगा कुछ कष्ट तो मुझे होगा
तुमको क्या!

तुम तो अब करते नहीं मुझे प्यार कि मुझे कुछ हो जाय
तो तुम्हें हो कष्ट।
हो न मुझे कष्ट, हो।

प्रेम

जीवन की बेल से झर रही है आयु,
फूट रहा है तब भी हृदय में प्यार,
इसे बाँध कोई कब होता स्वीकार—
बाल्टिक में न भाटा है, न ज्वार, और देखो तो
तट पर उसी के मेरे सर्वांग में उमड़ा यह ज्वार!

कोई कोई तो

कोई कोई रहता यों भी कि होता नहीं
घर-आँगन उसका कोई!

कोई कोई तो रहता यों भी
कि भरे शहर में, जुटता नहीं एक जन
प्रेम करे जो उसको।

कोई कोई क्या रहता नहीं यों भी
कि देख-देख सारा जीवन बस पाखी और आकाश,
देख देख बस मनुष्य या अरण्य,
बीतती आयु उसकी
बस देख देख शून्यता या समुद्र।

और वयय बढ़ने के संग ही
होता नहीं भला क्या ऐसा,
ठीक विदा के पहले
चाहता जीवन बस एक और, यापन की खातिर?

ऐसा तो होता नहीं कि ऐसा होता नहीं, होता है।

अमेरिका

अमेरिका तुम्हें कब आएगी शर्म?
तुम कब होगे चेतन अमेरिका?
कब बन्द करोगे तुम सन्त्रास अमेरिका?
कब दोगे पृथ्वी-जनों को बचने अमेरिका?
कब मनुष्य को मनुष्य समझोगे अमेरिका?
कब पृथ्वी को टिककर रहने दोगे अमेरिका?
शक्तिमान अमेरिका तुम्हारे बम मार रहे हैं मनुष्यों को।
तुम्हारे बमों से ध्वंस हैं नगर।
तुम्हारे बमों से पूर्ण है सभ्यता।
तुम्हारे बमों से आज नष्ट सम्भावना,
तुम्हारे बमों से विलुप्त हैं स्वप्न।

कब देखोगे अपने हत्या-यज्ञ की ओर,
कुत्सित मन की ओर,
कलंक की ओर देखोगे अमेरिका?
कब तुम होगे अनुतप्त अमेरिका?

कब तुम बोलोगे सच अमेरिका?
कब बनोगे मनुष्य अमेरिका?

हम तुम्हारी ओर छोड़ रहे हैं घृणा अमेरिका,
हम भेजते रहेंगे घृणा तब तक जब तक तुम
अपने मारक अस्त्रों को नष्ट कर
घुटनों के बल बैठ नहीं जाओगे, घृणा
छूटती सी रहेगी तब तक जब तक
कर नहीं लेते प्रायश्चित्त, हम छोड़ते रहेंगे घृणा,
हमारी सन्तानें छोड़ेंगी, सन्तानों की सन्तानें छोड़ेंगी
इस घृणा से तुम्हें मिलेगा नहीं परित्राण
अमेरिका!

तुमने अपने कितने हजारों-हजार
आदिवासियों का किया है खून,
कितना खून किया है अल-सतवाडोर में.

खून किया है निकारागुआ में,
किया है चिले में, क्यूबा में,
किया है पनामा में, इंदोनेशिया, कोरिया में,
खून किया है फिलीपीन में,
किया है ईरान, इराक में, लीबिया, मिस्र में,
पैलेस्टाइन, वियतनाम, सूडान, अफगानिस्तान में,

—मृत्युओं का हिसाब करो,
अमेरिका तुम हिसाब करो,
अपने को घृणा करो अमेरिका।
अपने को—अब भी समय है, घृणा करो अमेरिका।
अब भी तुम अपने चेहरे को छिपा लो दोनों हाथों से,
अब भी समय है भाग जाओ किसी
झाड़-झंखाड़ में, जंगल में।
तुम डूब जाओ ग्लानि में,
सिकुड़ो, तुम करो आत्महत्या।
रुको,
थोड़ा ठहरो।
अमेरिका तुम तो हो गणतंत्र, तुम तो स्वाधीनता।
तुम तो हो जेफरसन के अमेरिका,
लिंकन के अमेरिका,
तुम हो मार्टिन लूथर किंग के अमेरिका,
तुम जागो,
तुम खड़े हो एक बार, इस बार,
मानवता के लिए।

मन नहीं लगता

जल की हूँ नदी एक, जल की, जानती नहीं हूँ तैरना
बस ज़मीन ही जीवन, जल का क्या जानती!
कुछ भी तो अच्छा नहीं लगता, कुछ भी नहीं,

घर में न लगता मन, मन में न लगता मन,
कोई न पुकारता!
खोल हृदय बैठी हूँ, किसी ने पुकारा नहीं,
आओ, आओ यमुना, जाएँगे स्वर्ग को, करेंगे प्रेम, आओ!

डूबी हूँ समुद्र में जानती न तैरना।

□□